MIGRANTE POR AMOR

Emigrar es para valientes
© *Wendy Madera*

Primera edición: septiembre 2015

No está permitida la reproducción total o parcial de este libro, ni su tratamiento informático, ni la transmisión de ninguna forma o por cualquier medio, ya sea electrónico, mecánico, por fotocopia, por registro y otros métodos, ni su préstamo, alquiler o cualquier otra forma de cesión de uso del ejemplar, sin el permiso previo y por escrito del titular del copyright. Cualquier forma de pirateo es penado por la ley. Pero sobre todo es un abuso directo e indirecto para la persona del autor quien ha puesto todas sus energías y fuerzas al escribir esta obra.

"El respeto al derecho ajeno es la Paz." Benito Juárez.

EMIGRAR ES PARA VALIENTES

*Prepárate para vivir en el extranjero
y aprende como salir adelante.*

Wendy Madera

EMIGRAR
ES PARA
VALIENTES

Wendy Madera

SINOPSIS

Emigraste. ¿Sientes que tienes la soga al cuello?, ¿estás deprimido?, ¿no puedes más con el peso de la adaptación, con el aprendizaje del nuevo idioma?, ¿tu autoestima está en el piso? Leyendo estas páginas te sentirás más ligero de equipaje y encontrarás opciones para salir adelante.

Si piensas emigrar. Si apenas estás por partir. Si tienes años viviendo en el extranjero. Si has emigrado por amor. Si has emigrado para buscar un futuro mejor. Por el motivo que fuere, por el tiempo que sea. A través de este ensayo íntimo y autobiográfico realizarás un viaje imaginario que te llevará a reconocer cada una de las etapas de la vida de un migrante. Adquirirás una idea clara y objetiva acerca de lo que significa emigrar. Sin tabúes ni exageraciones.

Encontrarás enseñanzas prácticas y útiles, toda clase de tips y experiencias de vida que te ayudarán a tomar mejores decisiones en el extranjero y reconocer que siempre hay un mañana mejor, a pesar de estar lejos de lo tuyo y los tuyos.

AGRADECIMIENTOS

E l haber llegado hasta aquí se lo debo a DIOS.

Quien con su luz y sabiduría me guio y me inspiró a lo largo y ancho de cada una de estas páginas. Fue él quien con su dulzura y amor me acompañó a descubrir y enamorarme de lo hermoso que es la palabra escrita. Gracias a él disfruto más que nunca de mi verdadera pasión: **escribir.**

Gracias a él tengo la oportunidad de compartir con todos ustedes, mis queridos lectores, mi primer libro. El cual con esmero y cariño de madre lo traté desde su primera letra hasta su punto final.

No puedo dejar de mencionar a mi amado esposo, quien me dio la libertad de soñar y más que eso, patrocinar cada uno de mis proyectos ¡Gracias Amor!

Agradezco también a todos los lectores de mi página web: www.migranteporamor.com quienes con sus historias y experiencias de vida, que con mucho amor me enviaron, enriquecieron de manera impresionante cada uno de los capítulos de este libro.

Estoy enormemente agradecida con todos aquellos que gentilmente llenaron mis cuestionarios y encuestas para completar mis investigaciones y así ampliar mis conocimientos acerca de cada uno de los temas tratados.

DEDICATORIA

Dedico este libro a quien honor merece, a quien alabo y bendigo, por quien doblo mis rodillas: ¡Jesucristo, señor de señores!

A mis hijos, tesoros invaluables, quienes con su sonrisa y alegría, iluminan mis días y me regalan felicidad.

A mi esposo, alma gemela, por quien me convertí en una emigrante por amor.

A mis padres, a quienes amo intensamente, de quienes estaré eternamente agradecida por haberme dado tanto amor, cuidados y protección a lo largo de toda mi vida.

A mis hermanos, con quienes crecí y con quienes tengo una relación muy especial ¡Los amo!

A mis sobrinos, pues aunque ahora solo tengo uno, sé que la vida me premiará con más.

A mis padres holandeses, gracias por su apoyo y amor incondicional.

A mis amigos y amigas alrededor del mundo. Perlas preciosas que me trajo la vida para adornar mi existencia. Gracias a todos por estar conmigo en cada una de las etapas de mi vida. Especialmente a mi querida amiga Sarah Herasme, quien con paciencia escuchó todos mis sueños y me dio siempre sabios consejos. Sus palabras aún resuenan en mis oídos: *"—Piensa en grande."* Amiga te llevaré siempre en mi corazón.

A todos aquellos que han dejado una huella en mi Blog, Migrante por Amor. Ya sea con sus historias, comentarios, críticas o felicitaciones.

A todos aquellos locutores de radio que confiaron en mi proyecto y me cedieron un espacio semanal en sus programas radiales ¡Muchas Gracias!

A cada uno de mis lectores pasivos, esas personas calladas que nunca dicen nada, que nunca se han puesto en contacto conmigo, que nunca comentan u opinan pero que están siempre cerca de mí. A ese lector que en silencio sigue cada una de mis publicaciones, gracias por formar parte de esta Gran Familia de Emigrantes.

A ti mi querido amigo, tú que has comprado este libro, tú que me has dado un voto de confianza ¡Este libro te lo dedico a ti también!

POR QUÉ ESCRIBÍ ESTE LIBRO

Soy la tercera generación de tres mujeres que han emigrado por amor. Mi madre, mi abuelita y yo dejamos atrás familia, trabajo, amigos ¡En fin, toda una vida! Con el único objetivo de en el extranjero unirnos a ese ser especial que el destino tenía deparado para nosotras.

Migramos llenas de ilusiones y con una maleta cargada de planes, alegrías y mucho, mucho amor. Nos desprendimos de mucho con la promesa de una felicidad plena y una vida placentera por delante. Mas no voy a contar nuestras historias si no hacer un recuento de lo que gran parte de los que emigramos sentimos al embarcarnos en esta gran aventura de amor, de superación o lucha existencial.

Al dejar mi país mi vida dio un giro enorme. Me volví sin quererlo una persona diferente.

Y es que nadie que ha emigrado permanece igual, todos, sin excepción, debemos ceder algo ante la presión que nos genera la nueva sociedad que nos arropa.

Yo te invito a leer este libro ¡Tú, que has migrado siguiendo los latidos de tu corazón! Leerás parte de tu propia historia en este libro.

¡Tú, que has emigrado persiguiendo el sueño de mejorar tu situación económica, de superarte! Este libro también es para ti.

Esta pieza literaria es de todo aquel que quiere emigrar o que ha emigrado y también del que está de regreso "en casa" ¡Este es el libro del Emigrante!

¿Aún no has emigrado, pero está dentro de tus planes? ¡No dejes de leerlo! Conocerás de antemano algunas experiencias que te deparará el futuro.

Emigraste, pero sientes que tienes la soga al cuello, en este libro encontrarás opciones para salir adelante.

Estás deprimido, no puedes más con el peso de la adaptación, leyendo este libro te sentirás más ligero de equipaje para seguir adelante en tu camino.

Y es que sin quererlo todos aquellos que hemos emigrado nos vamos volviendo entre nosotros hermanos de alma.

Experimentamos momentos de todo orden (como todos los demás) pero en un país ajeno, en una sociedad diferente.

Si no has migrado tú, pero si alguien querido es una buena manera de adentrarte en los sentimientos de ese ser cercano.

¡O qué mejor regalo para alguien que va a emigrar!

¡O para alguien que ya emigrado pero que aún no se acostumbra a su nueva vida!

Este libro es el obsequio adecuado para cualquier Emigrante en el mundo.

No importa que tenga años viviendo en el extranjero.

No importa que apenas esté por partir. No importa que tenga solo unos cuantos días *"allá"*.

No importa que tan solo emigre por un par de años.

No importa que haya emigrado por amor.

No importa que haya emigrado para buscar un futuro mejor.

Por el motivo que fuere, por tiempo que sea, sencillamente se vuelve un **Emigrante.**

ÍNDICE

Un boleto de amor 17
El cambio 21
La adaptación 25
Viaje a la deriva 37
La despedida...41
Autoestima 47
Un nuevo idioma..55
Familia política 63
Estado de buena esperanza 69
Llegada de la cigüeña 77
Viajar con los pequeños...85
Crianza Bilingüe y Multicultural 93
Ambos migrantes..103
Círculo de amigos 111
Emigrar por necesidad 119
Enfermedad en el Extranjero 131
Luto a distancia 159
Ejercicio laboral 167
Conclusión 175
Consejos prácticos...179
Acerca de la Autora 185
Bibliografía...189

CAPÍTULO 1

Un boleto de amor

Cuando la vida te lleva lejos de tu hogar, todo cambia a tu alrededor y por ende cambias también tú por defecto.

Es imposible no hacerlo porque el proceso de adaptación termina siempre moldeando hasta el más terco de los caracteres.

El cambio será mayor o menor dependiendo de cada persona, de su situación y circunstancias. Hay muchos factores importantes en este proceso y de eso hablaremos con detalle en cada capítulo que expondré.

CAPÍTULO 1

Probablemente algunos de nosotros no teníamos mayores problemas económicos, teníamos trabajo, familia, amigos, en fin una vida casi completa.

Y digo casi porque ciertamente nos faltaba esa alma gemela con quien caminar por la vida.

Entonces llega cual príncipe o princesa montada en caballo blanco. Como ola fuerte en mar picado. Como lluvia fría en medio de la sequía. Como trueno o relámpago en noche de silencio. Esa persona especial, esa persona esperada. Ese complemento de vida. Esa pieza fundamental que encaja exactamente con nuestro rompecabezas.

El único detalle es que uno de los dos tendrá que dejar atrás todo para seguir adelante con tan linda relación.

Y dada las circunstancias, terminas pagando amor con exilio.

Debes renunciar a tu tierra para estar cerca del amor a quien te aferras. Dejar atrás tu nido familiar, laboral y tu círculo de amistades para embarcarte en una aventura nueva e inquietante.

La ansiedad que genera el cambio a unos nos presiona y a otros nos emociona. Pero a todos sin excepción les genera un cambio en su percepción.

Pero antes tienes que justificarte en primer lugar a ti mismo y en segundo lugar al resto del mundo, el porqué de tu decisión.

Un boleto de amor

Y es que no es fácil dar *"razones"* cuando solo existen *"amores"*. No se puede explicar con palabras aquello que es tan grande pero que no se ve y que es tan fuerte pero que no se palpa.

Tu corazón terco que no sabe de lógica más si de emociones se vuelve ciego, sordo y mudo.

Todos te gritan sin parar: —*¡No te vayas!*

Sin embargo, continúas con tu plan y empiezas a empacar. Y entre llantos y despedidas, alegremente sigues los latidos de tu corazón. Y es que has comprado un boleto de amor y lo has pagado con exilio.

Mientras que vas cerrando cada uno de los capítulos de *"tu vida"*, te va invadiendo de repente una ansiedad enorme.

¿Estaré haciendo lo correcto? ¿Podré encontrar trabajo? ¿Cómo será nuestra convivencia, partiendo de nuestras diferencias culturales? ¿Me adaptaré? Te preguntas sin parar.

Son tantas cosas y tantas dudas. No puedes dejar de pensar en tu futuro y en lo que te pueda suceder en esas *"Tierras Extrañas"*.

Tienes miedo al cambio y este miedo es tan natural, tan humano, tan nuestro. No puedes evitar sentirlo y aunque estés ciego de amor y felicidad ese punto oscuro, el miedo, estará allí presente en una esquina de tu corazón.

Llega el gran día y te toca partir.

CAPÍTULO 1

La despedida es dolorosa, pero la inquietud de empezar una nueva vida al lado de tu amor te tiene adormecido, te tiene anestesiado. Decides guardar en un baúl grande todas las razones y recluirlas en este lugar cerrado para apartarlas de tu realidad.

Abres tus alas y vuelas para estar al lado del otro protagonista de tu historia de amor.

Se inicia la luna de miel. Entre besos y abrazos olvidas un poquito más lo que has dejado atrás.

Te concentras, como es natural, en tu ser amado y poco a poco te vas desvistiendo de lo que queda de tus temores y preocupaciones. Te entregas a un clímax de total y plena felicidad.

CAPÍTULO 2

El cambio

Te dedicas a disfrutar, a conocer tu *"nuevo país"*. A descubrir nuevos olores, texturas, sabores, paisajes, arquitectura, entre otros.

En fin te adentras en el fantástico mundo de lo nuevo, mientras vas enriqueciendo a la par tu arsenal cultural.

¡Y es que son tan hermosos esos primeros días, semanas y meses!

Es como estar de vacaciones o mejor aún disfrutar de un año sabático.

Es una luna de miel prolongada. Estás contento, estás alegre.

CAPÍTULO 2

Sin embargo, después de haberte embriagado de amor. Tiempo después, una mañana cualquiera, despiertas con la resaca del cambio.

Corres sin parar rumbo al baño y te sorprendes viendo como tu estómago empieza a devolver miedo.

No te asustes, no estás solo todos lo hemos sentido.

Lo que sucede es que por fin te das cuenta de que estas solo, en el extranjero, contigo mismo y tu decisión.

Y en una ráfaga de segundos vuelve todo aquello y aquellos a quienes dejaste, por perseguir tu sueño de amor.

De repente sientes una fuerte opresión en tu ser, una inquietud que no se va, que no se aleja, sino que aumenta.

No te alteres, no te inquietes, verás como con solo oír la voz del amor de tu vida, esa otra voz impertinente en tu interior, se queda en silencio.

Tómalo con calma y ocúpate un poco para distraerte.

Tu nueva vida apenas empieza no la desperdicies con preocupaciones inútiles.

No obstante, los días pasan y con ellos van escaseando cada vez más las distracciones, ocupaciones y paseos.

El ritmo implacable del día a día se va imponiendo.

Y poco a poco te vas dando cuenta de lo solo que estás y peor aún de lo lejos que te encuentras de todo lo tuyo.

El cambio

Entonces te preguntas si este nuevo mundo no es el tuyo ¿Cómo es que tu hogar no está al lado de tu corazón?

CAPÍTULO 3

※

La adaptación

A veces pensamos que los cambios son sencillos, algo así como desconectar algún equipo electrónico.

Viajar con él. Llegar a una tierra remota. Conectarlo en esas playas extranjeras con su adaptador correspondiente. Y empezar a utilizarlo exactamente igual a como estábamos acostumbrados. Mas los seres humanos somos mucho más complejos que eso.

Así nos cambien de circunstancias, de situaciones difíciles o pesadas a otras distintas y llevaderas, es un cambio y como tal necesita pasar por un proceso que se llama *"adaptación"*.

CAPÍTULO 3

Nos sentimos incómodos, nos sentimos desorientados y es que tarda un tiempo, dependiendo de la persona, para darnos cuenta de que verdaderamente a pesar de lo mucho que amemos a alguien y de lo mucho que nos correspondan. O a pesar de que estemos materializando nuestros sueños, el proceso de adaptación llega y llega para quedarse tal vez mucho tiempo o tal vez mucho más.

A toda pareja ya sea mixta (de países distintos) o no, le llega el momento en que el enamoramiento empieza a esfumarse y se queda el amor adulto.

Consciente de que no vives en una nube rosa y que al final de cuentas esta nunca existió. A la puerta de tu casa llega y toca bruscamente el choque cultural.

Una cosa es ir de vacaciones por lugares exóticos y pintorescos y otra muy diferente es, empezar una nueva vida en ellos. Cuando viajas por turismo, cuanto más diferencias en los usos y costumbres encuentras, más interesantes y excitantes se vuelven tus días en esa tierra lejana.

Mas cuando resides en el extranjero, cuanto más ajeno eres y más apartado estás de dicha sociedad, tus posibilidades de salir airosos dentro de la misma dependerán directamente de tu capacidad de adaptación.

Dicha capacidad la tenemos todos, claro, unos menos que otros, de acuerdo a la medida que la naturaleza le regaló a cada quien. La adaptación es un talento poco entrenado, poco usado, por tanto, cuando lo requerimos resulta siempre que está en pésima condición.

La adaptación

A veces nos preguntamos de qué nos sirven los golpes que no trae la vida. Definitivamente aquellas personas que los han recibido, en cierta medida, están más preparadas y fuertes ante los nuevos retos que se presentan con el proceso de adaptación ¡Toda desventaja tiene su ventaja!

¿Por qué es tan difícil adaptarse? ¿Por qué nos cuesta tanto llegar a sentirnos *"en casa"* en nuestro nuevo hogar?

Pareciera que tuviéramos los ojos puestos en el pasado y no pudiéramos dejar de mirar hacia atrás.

Amigo, no desperdicies fastidiosamente tu presente para con él enterrar completamente tu futuro.

No le permitas a tus miedos que se conviertan en un freno que no te dejen avanzar, que se conviertan en cadenas invisibles, imposibles de romper.

La adaptación es pesada, es fuerte y toma mucho tiempo alcanzarla. Yo te recomiendo no mirar tanto atrás, no vivir de la nostalgia de lo que ya no está. No sirve de nada hacerlo.

Es como declararte la guerra a ti mismo y poco a poco ir aniquilando tu felicidad, tu futuro.

Estás molesto, estás enojado. No te sientes tranquilo en ninguna parte. No tienes paz interior y la calma brilla por su ausencia.

CAPÍTULO 3

La incertidumbre reina dentro de ti y te sientes como barco a la deriva, sin rumbo ni horizonte. Como guerra sin bandera, sin fin y sin objetivo.

¿Qué es lo que ha pasado? ¿Porqué todo te irrita, todo te altera con tanta facilidad?

Las mariposas en tu estomago han dejado de bailar y la voz de nuestra pareja ya no es tan dulce en nuestros oídos. De hecho, lo miras con cierto recelo y te preguntas ¿Será que él (o ella) es el culpable de que yo esté aquí? ¿Le debo a él (o a ella) las innumerables horas de estudio de este fastidioso idioma? ¿Gracias a él (o a ella) tengo que volver a tomar este o tal examen?

Todo esto lo había hecho en mi país ¿Tanto sacrificio de mi parte se merece? Te preguntas una vez y otra más. Hasta que llega el punto en el que no lo miras más con amor sino con enfado.

Te molesta de repente su manera de hablar, de actuar. Cualquier comentario que haga (por mejor intencionado que sea) te resulta hiriente, sarcástico. Piensas que en el fondo se burla de tu suerte.

Es completamente natural en los humanos echarle la culpa a alguien más de lo que nos sucede y nosotros los emigrantes no somos la excepción.

Necesitamos descargar en alguien toda la frustración que llevamos dentro y que el cambio nos produce.

Alguien tiene que cargar con la culpa y muchas veces irremediablemente ese alguien resulta ser nuestra pareja.

La adaptación

Por otro lado, tu pareja, a pesar de que sabe que estás pasando por un mal momento, no entiende tu actitud.

Tratan de comprenderte y algunos hacen su mejor esfuerzo para mantener la calma en medio de la tormenta. Pero toma en cuenta que la paciencia tiene un límite y a final de cuentas todo cansa.

Es evidente, las peleas se hacen presentes dentro de la relación y lo peor de todo es que ninguno está consciente que todas ellas se deben al proceso de adaptación.

El emigrante está constantemente a la defensiva. Permanentemente acusando y señalando cada situación o circunstancia incómoda en ese país extraño.

¡Sin lugar a dudas todo era mejor en mi país! Te repites sin parar.

Chistoso, primero idealizamos a nuestra pareja y ahora idealizamos nuestro país, nuestra familia, nuestros amigos, y todo lo que representaba nuestra vida anterior.

—*Todo era mejor antes y ahora todo es un desastre, un caos* —**grita desesperadamente tu interior.**

¿Será cierto todo esto?

—*¡Claro que sí!* —**afirmas convencido**.

Pero no es así ni todo es horrible en nuestro nuevo país, ni todo era hermoso en nuestro país de origen.

No obstante, necesitamos justificar tanto mal humor, tanta depresión y tristeza.

CAPÍTULO 3

Es necesario sacar la rabia que llevamos dentro acusando con el dedo hasta el menor de los problemas que tenemos.

Hablando claro, entre tú y yo, pero qué difícil es ver todo con objetividad. Qué difícil es darnos cuenta que nadie nos puso un revólver en la cabeza para sacarnos de nuestro país.

Nos fuimos porque quisimos hacerlo ¡Fue nuestra decisión! Cuanto más rápido lo afrontes menos doloroso será tu adaptación.

Y al final de cuentas ¿Qué es el proceso de adaptación? Porque se habla tanto de él ¿Es tan incómodo como se pinta?

Bien cada persona es única, por tanto, cada quien experimenta emociones y sentimientos distintos.

Tomando en cuenta que cada ser humano tiene su propio orden de ideas y prioridades, la adaptación le llega a cada quien de diferentes maneras.

Dicho proceso empieza cuando poco a poco vas descubriendo tu nueva realidad, tu nuevo ambiente, tu día a día.

Entonces empiezas a hacer un paralelo con tu realidad anterior, con tu antiguo ambiente, con todo aquello que ya tenías o habías alcanzado.

Descubres que estos nuevos episodios en tu vida no son de tu agrado y que tu vida anterior era más fácil y llevadera.

La adaptación

Seguramente te estás preguntando si es cierto que era más fácil nuestra vida antes de "zarpar". La respuesta es muy sencilla; probablemente no era más fácil, pero era la vida que a lo largo de muchos años habíamos edificado.

Adjunto a un círculo confiable de personas que cada una representaba un papel importante en nuestras vidas.

Ese grupo ya no está con nosotros, ni nuestros colegas, ni nuestros vecinos, ni las personas que participaban en nuestras actividades fijas.

Todo quedó atrás. La vida a la que estábamos acostumbrados ¡La única vida que conocíamos y punto!

Que no se te olvide que todo aquello que se conoce, de cierta forma nos es familiar. Dicha vida podría ser no mejor que la actual, pero era totalmente tuya ¡Y en cambio esta nueva vida al principio te resulta ajena!

Tienes que empezar de nuevo y eso no es fácil ni agradable. Pero entonces por qué no hablamos abiertamente de cómo nos va, de lo que sentimos, de lo que experimentamos.

¿Por qué no contamos que a veces nos sentimos arrepentidos de nuestra decisión?

Es claro que no queremos ventilar nuestro posible *"fracaso"*, no queremos escuchar que los demás nos digan:

—*Te dijimos que no te fueras, pero tú insististe.*

Preferimos entonces guardar con nosotros nuestros sentimientos, maquillarnos bien y seguir adelante.

CAPÍTULO 3

Y en realidad esto no está tan mal, puesto que la decisión ya está tomada y lo que conviene es hacerle frente y continuar viviendo.

Mas al hablar sinceramente sobre el tema, lejos de hacer alguna denuncia de fracaso, le permitimos a nuestras ideas que fluyan libremente.

Le damos la oportunidad de que salgan de nosotros, de que sean libres y por ende no tenerlas acumuladas en nuestro corazón.

Al hablar francamente sobre nuestra situación nos desvestimos frente a nosotros mismos y nos observamos de forma clara y honesta ¡Y así dejamos el tabú atrás!

Emigrar no es sinónimo de fracaso, ni tampoco de éxito. Cambiar de país no quiere decir que tendrás más o menos oportunidades, sino que serán otras las puertas que tendrás que tocar.

Buscar nuevos grupos de amistades, buscar trabajo, aprender un idioma (si es el caso), en fin introducirte en una nueva sociedad, la que tal vez te mire con cierto recelo, con cierta desconfianza.

Y allí estás tú, de pie, con los brazos abiertos tratando de ser aceptado.

Pero son muchas las puertas que hay que tocar primero y lamentablemente no todas se te abrirán.

Son muchas las lágrimas que derramarás cuando algunas personas te hagan sentir como un extraño en tu nuevo país.

La adaptación

Amigo, no eres el único ¡Eso lo hemos vivido y experimentado todos! No tires la toalla hay todavía mucho que descubrir y recuerda que personas que no valen la pena ser escuchadas las hay en todo el planeta.

Tu teléfono no suena, tu agenda está vacía, tus compromisos sociales son escasos. Careces en cierta forma de tu propia identidad. Lo *"tuyo"* de alguna manera ha dejado de existir.

Los días pasan y sientes que te enfermas de soledad y tristeza, llegan a tu cabeza tantas preguntas ¿Por qué lo hice? ¿Por qué dejé atrás todo? ¿Por qué estoy aquí? ¿Qué hago aquí? Ya me quiero regresar, pero no es tan fácil. Es muy sencillo pensarlo pero llevarlo a cabo, es harina de otro costal.

No conozco a nadie que haya emigrado que en algún momento de su vida no se hubiese hecho estas preguntas.

Por supuesto que la pregunta que clausura el último acto es la siguiente: ¿Habré hecho lo correcto? ¿Me habré equivocado?

Esta pregunta te turbará por mucho tiempo. La respuesta a esta interrogante probablemente se convierta en una gran incógnita ¿Realmente es necesario plantearse tantas preguntas?

Tal vez sí, tal vez no. Depende de ti y tu situación. Mas siendo honesta conmigo y contigo, después de muchos años de haber emigrado mis preguntas tal vez no han cesado por completo pero si han variado.

CAPÍTULO 3

Ya no me desgasto preguntándome por qué lo hice sino más bien: ¿Volveré algún día? ¿O permaneceré en el exilio? ¿Y al volver cómo será todo? ¿Me adaptaré pronto a mi propio país?

En fin el resultado de embriagarme con tantas preguntas es siempre el mismo: ¡Un par de noches sin dormir!

Después que los achaques, que el insomnio me causan, se van diluyendo, empiezo nuevamente a pensar con claridad, entonces opto por vivir mi presente.

Hoy estoy aquí y trataré de salir adelante con lo que hoy tengo. El mañana como bien dicen no existe, ni tampoco el pasado.

Si tu hoy lo concentras en una mezcla de nostalgia y anhelos frustrados, te quedarás aislado en la esquina de los miedos.

Alimentándote de las *"sobras"* del pasado, y envejeciendo poco a poco junto a los años que ya pasaron.

Por supuesto que eso no lo quiero para mí y lógicamente para ti tampoco. Por eso te dedico a ti también estas líneas.

¿La estás pasando mal? Levanta ese ánimo, debes plantearte nuevos proyectos al corto y mediano plazo.

No te quedes lamentándote por tu decisión. Sal y aprende algo nuevo.

Un mundo entero de posibilidades está esperando por ti. Solo tienes que atreverte a descubrirlo

La adaptación

¿Qué si te llegan los fracasos? Amigo los fracasos no solo están en el extranjero, también se puede fracasar en la tierra propia.

Al final de cuentas el verdadero fracaso es no intentar nada, es no atreverse a seguir viviendo, es quedarse en la inercia.

Es dejarse sumir en la depresión y abandonarse a los sueños perdidos en el pasado.

No sé por qué cuando estamos lejos, nuestras inseguridades crecen.

Nuestra autoestima baja y nuestra capacidad de resolver problemas, pareciera que hubiera desaparecido.

Nos volvemos tímidos e introvertidos por temor a meter la pata con esto o aquello.

Nos mantenemos en perfil bajo, por lo menos mientras tratamos de entender a la nueva sociedad que nos cobija.

Los papeles que desempeñamos resultan solamente ser secundarios.

Nuestra personalidad se opaca, pierde su brillo y pensamos que la única solución está en regresar.

¡Extrañamos tanto a nuestra familia, amigos… queremos volver!

CAPÍTULO 4

Viaje a la deriva

La desesperación poco a poco nos va colmando y si se presenta algún viaje a la deriva, una posibilidad de regresar aunque sea de vacaciones, nos embarcamos en el mismo sin pensarlo dos veces.

Empiezas a navegar por el Cibermundo, buscando desesperadamente unos boletos llenos de ilusión.

No importa si es largo el itinerario, si tiene paradas interminables, si es incómodo, si la comida es escasa.

Todo te da igual con tal de regresar. Aceleradamente compras la primera opción ¡De la que probablemente más tarde te arrepentirás!

Pero no importa ya tienes los boletos en mano.

CAPÍTULO 4

—¡Qué alegría estaré pronto allá! ¡Los veré pronto! **—te dices a ti mismo.**

Tomas las maletas, abres tu armario y con el entusiasmo al tope empiezas a decir:

—Me llevo esto, me llevo aquello. Y claro este otro no puede faltar. Para la reunión con fulana me voy a poner estos zapatos. Pero, para ir a tal evento ¡No sé qué ponerme! ¡No puedo repetir el vestuario! Tengo que verme espectacular...

Y es que volver es todo un acontecimiento, una gran fiesta, un suceso muy importante.

Buscas un calendario en donde día a día irás contando la cuenta regresiva.

Los días pasan lentos y sientes que la espera te desquicia.

Al fin llegó el día esperado. Después de una noche casi sin dormir por la turbación y la agitación que el retorno nos provoca. Nos vestimos con la belleza que solo la felicidad puede producir y nos maquillamos una sincera sonrisa en nuestro rostro.

Estás listo ¡Tu corazón va a explotar de emoción! Te subes al avión y las horas se te hacen interminables.

—¿Cuándo llegaremos? **—te preguntas sin parar.**

Y de repente a través de la ventana se asoma ese pedacito de tierra que te vio nacer. La piel se te pone de gallina y un nudo se hace presente en tu garganta, no puedes más, tu adrenalina va a estallar.

Viaje a la deriva

Las maletas no aparecen y la impaciencia no te deja pensar con claridad.

—*¡Allí están las benditas maletas!* **—tu corazón empieza a bombear con más fuerza** —*¡Ya estoy aquí, pronto los veré!*

Y al salir ves los rostros iluminados de aquellos a quienes dejaste atrás, sonriéndote y esperándote con los brazos abiertos y llenos de amor.

Corres sin parar hasta su encuentro y entonces te adentras en un eclipse de satisfacción total.

Estás excitado, estás contento, estás lleno de todo aquello que te hacía falta: *¡Lo tuyo!*

Todo es alegría y fiesta. Es tanto lo que tienes que hacer que ni tu mismo te lo puedes creer. Tu agenda por fin está llena, tu celular no para de sonar.

Y es que tal amigo, o tal pariente o aquel colega quieren verte. En un abrir y cerrar de ojos vuelves a brillar, vuelves a encontrarte con ese YO que habías dejado atrás.

La seguridad personal se adueña de ti. Te expresas con soltura, te haces dueño del escenario, protagonizas cada acto que se te presenta. Tu energía y tu confianza hacen que te destaques por encima de los demás.

Y es que todo esto es gracias a que emanas la fuerza del pueblo que te vio nacer.

Todos están contentos con tu presencia, te han preparado tu plato favorito.

CAPÍTULO 4

Te sientas en la mesa, cierras tus ojos y te dejas invadir por ese delicioso aroma. Pruebas lentamente el primer bocado. Y tu estómago cae rendido ante la majestuosa presencia del aroma y sabor de tus raíces.

Y es que ante nuestro paladar nada es superior a la cocina materna que nos vio crecer.

Durante este tiempo te dedicas a reír, a gozar, a caminar por aquellas calles que te conocen bien. En pocas palabras te dedicas a vivir, a disfrutar al máximo de cada día.

—*¿Y dónde está el miedo?* —**pregunta tu conciencia.**

—*¿De qué miedo me hablas?* —**te quedas pensativo.**

—*¡No sé, estará durmiendo!* —**respondes alterado.**

Estás tan feliz de ver a cada una de aquellas personas que dejaron huella en tu alma.

De asistir aquellos lugares de los cuales guardas tan gratos momentos. De dejarte consentir por tus padres o hermanos. De dejarte embriagar por lo que solo en tu país puedes encontrar.

Definitivamente son unas vacaciones *"cálidas"* en todo el sentido de la palabra.

CAPÍTULO 5

La despedida

Estarás de acuerdo conmigo que cuando los días están cargados de tanta felicidad pasan tan rápido. Y en un abrir y cerrar de ojos te encuentras nuevamente arreglando las maletas.

Claro, el ánimo no es el mismo y el entusiasmo brilla por su ausencia. Y es que han llegado a su punto final esas hermosas vacaciones.

Tenemos que regresar.

Y con nuestro regreso empiezan a despertarse nuestros miedos.

CAPÍTULO 5

Vemos como la tremenda seguridad y el brillo que emanábamos se van convirtiendo nuevamente en dudas y temores.

¡Qué difícil es despedirnos! Dejar nuevamente todo y a todos atrás. No sé si a ti te ha pasado lo mismo, pero yo los primeros años experimentaba algo muy peculiar.

No solo tenía que decir adiós a quienes amo, sino también me veía despidiéndome de mí misma.

Pues está claro que al emigrar una parte de ti cambia definitivamente.

Te vuelves diferente, te vuelves sin quererlo una persona distinta. Puede que te guste más esta nueva personalidad o puede que no.

A mí más bien me hacía falta la Wendy *"anterior"*. La chica espontánea, alegre, de fácil palabra y pronta reacción.

La *"nueva"* Wendy francamente me desagradaba.

Era una mujer tímida, callada e introvertida, la que gracias a Dios con los años ¡Y después de ejercitarse con mil horas de adaptación! Fue convirtiéndose en algo más parecido a la *"Wendy anterior"*.

Decir adiós a los tuyos y a ti mismo es probablemente para algunos, un trago algo amargo, para otros en los que me incluyo, es algo terriblemente desagradable.

Con los años he aprendido a controlarme un poco y a tomar conciencia de que los volveré a ver de nuevo.

La despedida

Si para ti este es un punto muy importante, quiero aconsejarte lo siguiente, lo que por lo menos a mí me alivia un poco.

Yo le permito a mis emociones que fluyan, les dejo que invadan mi cuerpo y toda mi mente.

Expulso en lágrimas toda la tristeza que siento dentro.

Ventilo y contemplo mi herida hasta que el cansancio me domine.

Después de un tiempo (corto) me dijo a mí misma:

—*Es difícil, es pesado, mas es tiempo de continuar.*

Y poco a poco voy viendo como mi corazón va cerrando ese capítulo permitiéndome seguir viviendo y respirando.

Todas las separaciones aunque sean temporales rasguñan de alguna manera nuestra alma.

No quiere decir que somos unos débiles o excesivamente sentimentales, porque nos entristecemos al partir, sino que decir adiós nunca es fácil y más si hay mucho amor de por medio.

Separarte de aquellos a quienes quieres es muy doloroso por doble partida. Porque dejarás de verlos y porque tendrás que ver en sus caras la tristeza que tu partida les causa. Irremediablemente muchos sentimos también sentimiento de culpa, pues como es posible que a gente que nos quiere tanto le provoquemos tanta tristeza.

CAPÍTULO 5

Al regresar experimentamos tantas emociones encontradas ¡Coronadas artísticamente por el sentimiento de culpa!

Pero piensa lo siguiente tú no eres culpable de nada, ni tu pareja, ni nadie. Y seguro que tus seres queridos no te señalan como el autor intelectual de esa pena.

Es normal que las separaciones causen dolor. No obstante, la vida es así y hay que aceptarla como es.

Invariablemente todos en algún momento tenemos que despedirnos de alguien muy amado. A veces guardamos la ilusión de volverlo a ver y en otras ocasiones lamentablemente la despedida es para siempre.

Tiempo después te encuentras de regreso y nuevamente tienes que empezar. Sientes especialmente en los primeros años, como al regresar de vacaciones se produce en ti un malestar inusual como si tu balanza se hubiese desestabilizado por culpa de tus vacaciones. Vuelven desgraciadamente las preguntas a tu cabeza. Pareciera que tuviéramos que experimentar el inicio de un miniproceso de adaptación otra vez.

Estás de vuelta y te sientes mal. Te recomiendo hablar con un amigo, de preferencia un emigrante. Seguro que te prestará sus oídos y entenderá mejor que nadie de lo que hablas.

Hablar con la pareja sobre esto justo al regresar puede ser no muy inteligente.

Algunos podrían pensar que el amor ha cesado y puede que se sientan culpables de tu tristeza.

La despedida

Y seguro que eso no es lo que tú quieres, tú sencillamente quieres aligerar la carga que llevas dentro, no buscar culpables o soluciones. El amigo emigrante será sin duda tu mejor opción.

Todo este caldo de confusiones, tristezas, separaciones y cambios, es lo que todo el que emigra debe enfrentar en su vida.

¿Y se podrá luchar contra tremendos monstruos?

La respuesta es sí, e incluso se les puede vencer. Con actitud y aptitud positiva. Acompañado de mucha fuerza de voluntad para salir adelante. Así, se puede librar una gran batalla, salir victorioso y por demás con la frente en alto.

CAPÍTULO 6

Autoestima

Cuando decides hacer una nueva vida en el extranjero te despides de mucho. Y no me refiero solamente a tu familia y amigos.

Al establecerte en playas ajenas dejas también atrás tu cultura, tu posición, tus paisanos, tu tierra y en algunos casos hasta tu idioma.

Entonces experimentas una pérdida de algo que estaba muy dentro de ti.

Sientes que haz abandonado sin quererlo parte de tu identidad.

CAPÍTULO 6

Al estar de pie ante un mundo completamente nuevo: un paisaje diferente, un clima diferente, una sociedad diferente, un idioma diferente (si es el caso) se te replantea completamente en un abrir y cerrar de ojos tu existencia.

Como consecuencia ante tanto cambio, te envuelve, en diferentes grados y dependiendo de cada persona, una inseguridad que probablemente desconocías. Una inseguridad producto de las nuevas circunstancias.

Una inseguridad que si no sabes manejar adecuadamente terminará alterando irremediablemente tu autoestima.

¿Y cómo se puede ver afectada tu autoestima por tu decisión de haber emigrado?

En primera instancia te sientes solo y lejos de todo aquello que formaba tu universo de seres queridos. Por otro lado, te tienes que expresar y comunicar en una lengua que no es la tuya.

Debes aprender a desenvolverte en una cultura que te es ajena y que tal vez no te está esperando con los brazos abiertos.

Además, el cambio de clima, las horas de sol y la temperatura son también factores que aunque no lo creas también afectan tu estado de ánimo. Así como también el tener que empezar todo desde cero es algo que no siempre te llena de regocijo.

Todo lo descrito tambalea tu existir, te hace vulnerable.

Autoestima

Rompe de alguna manera los pilares de seguridad que tenías antes de emigrar.

Mis primeros años en el extranjero la verdad es que fueron duros.

No solo por el proceso de adaptación a mis nuevas circunstancias, sino también por todo lo que en los primeros años experimenté dentro de mí.

A muchos años de distancia y mirando hacia atrás puedo decirte que al llegar a mi *"exilio"* mis expectativas tal vez eran demasiado altas. Pensé, como mujer positiva, que el cambio sería más bondadoso, más suave.

Nunca me imaginé que sería tan invasivo, tan penetrante. Nunca imaginé que podría incluso cambiar mi personalidad, que influiría en mi carácter. Nunca pensé que me convertiría por los golpes de la inseguridad en una persona reservada, callada, tímida y con evidente miedo en los ojos, ¡pero sucedió!

Entonces tuve que poner mucho de mi parte para salir adelante y no quedarme paralizada por el cambio.

En cierta medida y para que me entiendas mejor yo me sentía que estaba de luto. Mi alma se vestía entonces de negro, del mismo color era mi visión del futuro.

Llevaba luto interior por todo lo que de repente había perdido. Por todo aquello que formaba mi universo pero que ya no estaba más cerca de mí.

Para continuar con mi nuevo proyecto de vida tuve que plantearme varias estrategias.

CAPÍTULO 6

Primero que nada puse en papel lo que más me molestaba, me inquietaba o bien me causaba ansiedad de mi actual situación.

Después de desahogarme en papel, me quedó claro cuales eras mis principales frustraciones.

Entre dichas frustraciones existían puntos que se podían mejorar, otros que incluso podrían cambiar drásticamente, mas también estaban aquellos puntos que sencillamente tendría que aprender a vivir con ellos pues nada se podría hacer para evitarlos.

Hay que tener claro amigo emigrante que toda emigración tiene sus ventajas y sus desventajas.

Dentro de las desventajas siempre habrá lo que se pueda cambiar con mentalidad positiva. Otras que podrán mejorar con trabajo constante y tenacidad.

Mas estarán siempre las desventajas con las que no podrás luchar.

Aquello que no te gusta, que te irrita, que te molesta, mas no está en tus manos cambiarlo, mejorarlo o desaparecerlo de tu vista.

Este es sin duda el mayor de los retos.

Acostumbrarte a vivir con eso que tanto te molesta de tu nuevo país, de tu nueva vida.

Pues al final de cuentas solo tienes dos opciones. O aceptas tus nuevas condiciones o te regresas a tu país de origen.

Autoestima

Si retornar no es posible por diferentes circunstancias, lo más sano, inteligente y racional será tratar de sobrellevar lo mejor posible tu nueva vida en el extranjero.

Pensar que cada día por más gris que parezca tiene su propia luz en los pequeños detalles que esconde la naturaleza.

Si te faltan horas de sol compénsalas con las caritas sonrientes de tus hijos o de los niños que te encuentres a tu paso.

Si te falta brillo en tus ojos, fija tu mirada en las maravillosas flores o en el verde follaje de los arboles a tu alrededor.

Si te faltan palabras cariñosas, presta tus oídos al canto de los pájaros.

Acaso hay algo más relajante y reconfortante que la melodía que lleva el viento en su camino. O el maravilloso golpe de olas de un mar de azul intenso.

En donde quiera que te encuentres una vez al mes puedes disfrutar de una radiante luna llena, la cual te ilumina con todo su esplendor, y está allí solo para ti.

Puedes elegir el camino de la tristeza y la melancolía.

Puedes elegir pasarte la vida quejándote y amargándote.

Puedes elegir volver al pasado y quedarte allí atrapado en una realidad inexistente.

CAPÍTULO 6

O puedes elegir el camino de la aceptación al cambio.

El camino de disfrutar de lo que te trae el día. El camino de querer superarte.

Cambiar o mejorar lo que sí está en tus manos.

El camino de querer salir adelante con un plan y estrategias claras.

Sabiendo de ante mano que habrá muchos obstáculos en el camino, pero que con firmeza y tenacidad los podrás poco a poco ir venciendo.

Sabiendo que habrá batallas que perderás y otras que ganarás. Sin embargo, mientras te mantengas en combate siempre darás un paso al frente.

¡Ni un paso atrás, ni siquiera para tomar impulso!

Cuando yo acepté lo que no estaba en mis manos cambiar, toda esa ansiedad, toda esa inquietud, toda esta irritabilidad que solo alteraba mi alma, se fue.

Así mismo sucedió con todos esos fantasmas y voces desagradables que solo me recordaban lo que no me gustaba de mi realidad actual.

Todo se fue y poco a poco me dejé envolver por mi realidad actual. Me dejé llevar y me dediqué a vivir de nuevo.

Empecé a construir mi presente con una visión en el futuro.

El pasado está allí y lo miro con cariño pero estoy consciente de que solo son hermosos recuerdos en mi memoria y nada más.

CAPÍTULO 7

Un nuevo idioma

Mi esposo es holandés. Cuando lo conocí claro que sabía de Holanda lo que seguramente tú sabes de dicho país.

En los Países Bajos (Holanda) se habla holandés. Probablemente nunca has escuchado tal idioma. Lo mismo que me pasó a mí en aquel entonces.

Mi primer contacto con el mismo fue a partir de la relación que inicie con mi ahora esposo.

Nunca me imaginé que el aprender un idioma nuevo pudiera tener tantas implicaciones en la vida.

CAPÍTULO 7

De hecho, siempre tuve la certeza de que como viviría en Holanda, estando allá, y entrando en contacto directo con el idioma lo aprendería de inmediato.

Fui testigo de como algunos amigos míos antes de iniciar sus estudios universitarios se fueron de intercambio a diversos países donde permanecieron un año y al regresar hablaban perfectamente el idioma de aquellos destinos.

Yo pensé ingenuamente que conmigo sería lo mismo. ¡Solo que se me olvido un par de detalles! Esos amigos míos eran para ese entonces unos chicos que apenas se acercaban a la mayoría de edad. Yo en cambio cuando emigré era ya una mujer *hecha y derecha* que merodeaba la tercera década.

El segundo detalle consistía en que yo nunca tuve talento para los idiomas. No sé si tal vez llegué tarde a la repartición de dichos dones. O sencillamente el aprendizaje de lenguas no es mi terreno.

Todo esto por supuesto me ponía en desventaja.

No obstante, al momento de emigrar no le di mucha importancia a este *"punto"*. En mi interior creía que todo con esfuerzo y tenacidad se logra ¡Y a pesar de todo sigo creyéndolo!

Solo que por supuesto todo esto engloba muchas experiencias, muchos sentimientos encontrados, muchas frustraciones, muchas ganas de tirar la toalla, en fin. Es muy fácil decirlo y tal vez aún más escribirlo, pero llevarlo a cabo es más complejo de lo que imaginamos.

Un nuevo idioma

Cuando llegué a Holanda empecé tomando un curso a distancia. Con mucha disciplina y empeño estudiaba diariamente. Pero siendo honestos mi progreso era poco.

Cuando íbamos a casa de mis suegros y todos empezaban hablar, no entendía absolutamente nada. Lo mismo sucedía cuando íbamos a reuniones o fiestas con los amigos de mi esposo.

Me sentía excluida. Me sentía sola en medio de la gente.

El idioma es tan fundamental que no te permite hacer una vida *"normal"* si no lo dominas. Y con dominarlo me refiero más bien a poder funcionar adecuadamente en la sociedad.

Después de mis fallidos intentos iniciales con el idioma empecé a ir a unas clases presenciales del mismo.

Las mismas empezaron a dar sus frutos y poco a poco fui comprendiendo más. Leer y escuchar la lengua holandesa se volvía cada vez más familiar. Pero hablarlo y escribirlo seguía siendo muy difícil para mí.

Pasaba horas estudiando el idioma. Poco después me veía en una situación en la cual podría poner en práctica lo que había aprendido días anteriores.

Para mi gran frustración las palabras estaban en la punta de mi lengua, pero por una razón que desconozco no salían de mi boca.

CAPÍTULO 7

Y si lo hacían era de manera desorganizada y con un acento tan marcado que era casi imposible que alguien me entendiera.

Después volvía otra vez a casa. Sintiéndome fracasada y cansada. Con pocas esperanzas de que mi situación cambiara. Otra vez a seguir estudiando ¿Acaso tenía otra opción? No.

Si vives en el extranjero y no hablas el idioma del país en donde te encuentras siempre estarás muy limitado. Siempre estarás subordinado a otros. Siempre necesitarás un "traductor" para continuar tu camino.

Es muy penoso permanecer dependiente por el idioma.

Yo sé lo difícil y tortuoso que puede resultar aprender un idioma porque TIENES QUE HACERLO. No porque te resulta atractivo o porque te gusta aprender nuevas lenguas.

Sin embargo, quedarnos con los brazos cruzados esperando que de un solo golpe lo lograremos es pura ilusión. Es una fantasía.

Cuanto más rápido lo comprendamos. Mayores serán nuestras probabilidades de ganarle la batalla al idioma.

Pasaron los años (¡Sí años!) y yo seguía con mi problema del idioma.

Y no me considero una persona tonta o que poco ahínco pone en sus metas. Pero lo cierto es que me tomó mucho tiempo aprenderlo.

Un nuevo idioma

Claro, esto por supuesto también tuvo consecuencias directas con mi autoestima. La cual al ver que pasaba el tiempo y yo seguía batallando con el mismo problema, solo descendía y descendía.

Por lo mismo no quise dejar de tocar este tema porque sé que alrededor del mundo hay millones de emigrantes luchando por aprender la lengua del país al que han emigrado.

Sé que muchos deben de estar a punto de tirar la toalla porque ven que su futuro es muy incierto sin dicho idioma.

Sé que muchos deben tal vez sentirse avergonzados consigo mismos porque el tiempo ha pasado y no logran avanzar en este proyecto.

Sé que algunos tienen que estarse cuestionando porque no pueden conquistar su meta.

Amigo a veces puede tomar mucho tiempo y otras veces parecer camino sin final. A veces hay que esmerarse mucho y afanar un tanto más. A veces es necesario respirar hondo y volver a empezar.

Un nuevo idioma, emigrante, no es cosa de un día o dos. Puede tomarte años. Si es tu caso no pierdas la confianza en ti mismo.

Muchos por temor a equivocarse no se sueltan hablarlo. Se sienten avergonzados de su pronunciación, gramática o acento.

El miedo al ridículo es el principal fantasma que nos impide desarrollarnos en esta materia.

CAPÍTULO 7

Repítete a ti mismo que si no lo hablas bien, eso no importa.

Que si tu pronunciación es espantosa, pues ni modo. Que si tu gramática se parece a la de un niño en su primera infancia, pues así son las cosas. Lo peor que puedes hacer es no intentarlo.

Sal y trata de comunicarte en ese idioma. Si no te entienden. Vuelve a decirlo todo con más calma y tranquilidad. Si no comprendes lo que te dicen pide que te lo repitan. Sigues sin captar lo que te quieren expresar; Pide atentamente que te lo vuelvan a decir otra vez pero esta vez más despacio.

Claro que te toparás con gente desesperada que no te tendrá paciencia. Pero también te toparás con personas que sí aprecian el que luches por aprender su idioma. Que quieras formar parte adecuadamente de su sociedad.

Escucha la radio, ve programas de niños en la televisión (son muy útiles al principio), lee el periódico.

Pero sobre todo busca la manera de practicar a diario lo que has aprendido.

Entra en contacto con la gente que te rodea y pídeles que te den la oportunidad de practicar el idioma.

Puedes lograrlo, solo tienes que mantenerte al pie de la batalla y no permitirle a la desilusión que te gane.

No dudes de tu capacidad. Te sobran cualidades. No importa que no tengas talento para los idiomas. Verás como si lo sigues intentando lo lograrás.

Un nuevo idioma

Es cosa de no bajar la guardia y de seguir practicándolo.

Yo soy una prueba viviente de lo dicho.

Después de tanto afanar por fin me puedo desenvolver en este país con facilidad y soltura.

¡Qué bien se siente uno cuando pierde el miedo al idioma!

Amigo emigrante no te des por vencido ¡Tú puedes!

Aprovecho estas últimas líneas para agradecerle a mi profesora Aletta, quien con mucha paciencia, esmero y alegría, me enseñó el idioma de mi esposo y de mis hijos.

CAPÍTULO 8

Familia política

Cuando emigramos a la tierra de nuestra pareja, nos hacemos automáticamente parte de su familia.

La familia política en el extranjero toma un valor diferente y especial. Y es que al carecer nosotros de familia, con la única que contamos es con la de nuestra pareja.

No es que buscamos sustitutos de los miembros de nuestra familia. Ni tampoco quien nos dé el cariño que nos hace falta.

En realidad lo que todos buscamos es sencillamente ser aceptados como somos y con lo que somos.

CAPÍTULO 8

Me explico, queremos que entiendan que no por ser diferentes, somos menos o más.

Queremos que entiendan que por razones culturales somos tal vez distintos pero no dejamos de ser por ello igual que ellos: *personas*.

Y que con su ayuda y apoyo podremos aprender a funcionar mejor en esta nueva sociedad.

Me ha tocado experimentar en carne propia como la familia política me ayudado visiblemente en el proceso de adaptación, no obstante, tristemente he sido testigo de como amigas queridas han tirado la toalla por la absoluta falta de colaboración por parte de la familia política.

En este proceso de acoplamiento ambas partes tienen que poner su granito de arena. Tú, entender que ellos piensan y actúan de otra manera porque pertenecen a una sociedad con normas y reglas diferentes a la tuya. Y esta tarea también la tienen que hacer ellos.

Ninguna de las partes deben esperar un cambio de parte del otro, porque aunque pasen los años este nunca llegará.

Sin embargo, como eres tú el extranjero, el que has emigrando, te toca a ti, tal vez, una rebanada más grande en el pastel de la aceptación.

Pensar así, es pensar de manera adulta y madura. Dice un dicho muy sabio:

"¡A donde fueres, haz lo que vieres!"

Familia política

No se trata de dejar atrás quien eres y lo que representas. No te pido que dejes a un lado tu cultura y tradiciones. Pero lo que si te sugiero, por el bien de tu adaptación es que trates de vestirte con los usos y reglas de la sociedad donde vives.

Fíjense bien, he utilizado el verbo *"vestirse"*. Uno puede ponerse una prenda de algodón el día de hoy, mañana una de seda y pasado mañana una de lana.

Sencillamente hemos cambiado de vestido, pero seguimos siendo nosotros mismos.

La prenda que llevas puesta no te cambia, no te hace otra persona, pero si te permite entrar a un evento con un determinado código de vestimenta. Por tanto, es muy importante que asumas correctamente las reglas de juego de tu nuevo país.

Te aseguro que mucha gente valorará tu esfuerzo y te ayudará a seguir progresando.

Dentro de este grupo, debe estar lógicamente tu familia política y digo lógicamente porque no siempre es así.

A veces tus expectativas son muy altas y terminas desilusionado y con esta desilusión dejas atrás el intento de integración a tu nueva *"familia"*.

A que me refiero con expectativas altas. Crees tal vez de manera inocente que recibirás todo tipo de ayuda y cuando esta llega, pero con sus lógicas limitaciones, te sientes herido y ofendido.

CAPÍTULO 8

—¿Y es qué acaso no se dan cuenta de lo difícil que es vivir fuera? **—te preguntas.**

Y la respuesta es muy sencilla, ellos no lo saben y tampoco tienen el interés de saberlo pues al final de cuentas quien decidió vivir en el *"exilio"* eres tú y no ellos.

O resulta también que tu familia política espera que en un abrir y cerrar de ojos te conviertas en un ciudadano más de ese país. Piensan tal vez que eres una esponja y que de un día para otro habrás absorbido la cultura, usos y costumbres de todo un pueblo.

Que tu comportamiento en nada debe distar al de ellos y que sus ideas sobre educación son las que recientemente deberías haber *"programado"* en tu cerebro.

Mas la realidad es otra ni eres ciudadano de ese país, ni eres esponja y mucho menos puedes programar tu cerebro para un cambio tan radical.

Entonces todo esto se vuelve un círculo vicioso.

Tú entiendes que se te debe dar toda la comprensión necesaria y ellos entienden que te han dado toda la comprensión que ellos pueden dar. Hasta que por supuesto pasan dos cosas: o la relación se enfría con el tiempo volviéndose literalmente un bloque de hielo. O una de las partes cede y entiende que hay que dejar ciertas cosas atrás y continuar intentándolo.

El choque cultural puede también traer fuertes enfrentamientos, peleas y malos entendidos con la familia de nuestra pareja.

Familia política

Y si a esto le añadimos un idioma diferente la explosión puede ser grande.

Lo que tal vez es una simple pregunta o insinuación por parte de ellos puede resultar ante tus ojos o viceversa como ofensivo y grosero.

Y tal vez no sea esta la intención de ninguna de las partes, pero las palabras, la entonación o bien algún comentario cualquiera, puede desatar un mal entendido.

Lo maduro y lo propio es calmar tus ánimos y preguntar con educación a que se referían. Por supuesto no dejando de explicar que para ti lo dicho resultó incomodo e inapropiado y que en tu cultura puede llegar a ser descortés o incorrecto.

Al hablar abiertamente sobre ello entenderemos que tal vez lo que para ti resulta una falta muy grave para ellos es absolutamente aceptado y normal.

Si el comentario lo has hecho tú y puedes ver en sus rostros la desaprobación.

Explica inmediatamente que para ti y para los tuyos es completamente normal lo dicho y que si para ellos resultó ofensivo, ofrece amablemente tus disculpas aclarando que esta no fue nunca tu intención.

Como te dije anteriormente al ser nosotros los que estamos en país ajeno, es a nosotros a quienes más se les exige.

Yo al principio me tomaba las cosas muy en serio y me sentía herida por cualquier tontería.

CAPÍTULO 8

Ahora que ya conozco las reacciones típicas de los habitantes de esta tierra, he aprendido a que me resbalen casi toda clase de comentarios, me entran por un oído y salen por el otro.

De esta manera, he salido a flote en este país en mi relación con los demás.

Con tu familia política trata por todos los medios de mantener una relación armoniosa en la medida de lo posible. No esperes mucho de ellos para que no lleguen a decepcionarte. Procura buscarlos, a fin de cuentas son tu familia en ese país extranjero.

Con amor y respeto se pueden cimentar las bases para una bonita relación.

Si has hecho todo y aún no se rompe el hielo entre ustedes o sencillamente no terminan por aceptarte. Quédate tranquilo, tú ya hiciste tu parte y si ellos no quieren establecer contigo un vínculo sano, ellos son los que se lo pierden.

Es cierto que estas en el extranjero pero no por eso dejas de ser una persona muy valiosa.

CAPÍTULO 9

Estado de buena esperanza

Cuando estando en el extranjero la cigüeña toca las puertas de tu hogar, el acontecimiento tiene doble connotación.

La primera es la universal, el cambio que causa en todas las parejas la llegada de los hijos. La segunda connotación es solo para quienes están en el extranjero ante importante evento.

Cuando estás en otra tierra y quedas embarazada o tu pareja está embarazada. Un sin fin de preguntas, dudas y miedos, surgen sin exagerar. Y es que vas a traer al mundo a una pequeña criatura en un ambiente que tal vez todavía te sea ajeno.

CAPÍTULO 9

Incluso cuando ya estás muy acostumbrado a tu nuevo país, el estado de buena esperanza cambia siempre tu orden de ideas y prioridades.

Invariablemente la mujer necesita especial atención en este tiempo, aún más si se trata del primer hijo. En el caso de que sea la mujer la que esté en el extranjero, su pareja deberá entonces brindarle mucha protección, cuidados, partiendo del hecho de que no cuenta con su familia y su entorno de origen.

El cambio hormonal propio de este periodo, seguro la hará más sensible y extrañará más de la cuenta lo suyo y los suyos.

Todos los pequeños detalles del embarazo, querrá compartirlos y la distancia de por medio lo hará difícil.

Pero siempre hay soluciones. Con lo avanzada que está la tecnología hoy en día, podemos entrar en contacto frecuentemente con nuestros seres amados y a muy bajo costo. De la misma manera ir compartiendo con ellos momentos tan importantes.

Como mujer y madre puedo hablar de la experiencia que he tenido desde lo más profundo de mi corazón. Y con ustedes quiero compartirla.

Al quedar embarazada por primera vez en el extranjero fue todo un gran reto para mí. Las diferencias en el sistema de salud entre mi país de origen y el país en el que resido eran enormes.

Para entonces no comprendía bien la lengua, lo cual hacía aún más compleja la situación.

Estado de buena esperanza

Tenía un sin fin de preguntas, las cuales muchas de ellas no tenían respuestas.

O probablemente no encontré entonces a la persona adecuada que me las pudiera contestar.

A mi pareja le preguntaba esto y aquello, sin embargo, al ser él también padre primerizo sus conocimientos eran muy reducidos o casi nulos.

Con la familia de mi pareja busqué también colaboración y respuestas a mis preguntas. Mas también en ellos encontré poca retroalimentación.

No obstante, en las amigas que para entonces tenía, algunas con hijos, encontré un manantial de sabiduría del tema.

Ellas extranjeras, igual que yo, podrían decirme exactamente lo que yo necesitaba saber.

Ellas que también habían vivido y sentido lo mismo que yo, sabían que necesitaba extra colaboración y apoyo. Y gracias a Dios me lo dieron, ¡y de sobra!

Recibí de ellas ayuda, amor y compresión.

Por eso recomiendo tanto no quedarse en casa desempaquetando la vida, sino salir, relacionarse e ir buscando amistades, porque en momentos cruciales, especialmente cuando la familia está lejos, son aquellas amistades cercanas las que muchas veces te extienden la mano, cuando más lo necesitas.

CAPÍTULO 9

Es en esos momentos claves en el que te das cuenta de que cuando encuentras un amigo, encuentras un tesoro.

No son mis palabras, pero sobre la base de lo que he vivido las tomo como mías.

Al final de mi embarazo conté con la ayuda invaluable de mi madre, quien viajó miles de kilómetros para estar conmigo en esos momentos.

Y con ella pareciera que hubiese llegado también un pedacito de mi tierra. Me sentía otra vez en casa, bajo los finos cuidados de mi mamá. Al lado de ella me sentía más fuerte, me sentía protegida.

Llegó el momento del parto y esa fue una experiencia traumática. Estoy más que convencida de que la ignorancia se paga caro.

Yo no conocía, ni sabía cuáles eran mis opciones y por supuesto cuando no sabes nada es poco lo que puedes reclamar.

Mi esposo de esa materia sabía aún menos que yo.

Me sentí sola, en manos de gente inexperta, a quienes no les importaba tomar un exceso de riesgos con mi salud y la de mi bebé.

Pero la providencia divina me vio con ojos de benevolencia y gracias a Dios después de un parto semejante al de una tortura en la época medieval di a luz a un hermoso varoncito.

Estado de buena esperanza

Mi pobre madre tuvo que presenciar todas estas desagradables experiencias. Como me hubiese gustado ahorrarle estos sufrimientos.

Al regresar a casa después de dar a luz mi mamá me cuidó, me llenó de detalles y a pesar de lo débil que estaba, me sentía segura en su amor.

Mas llegó el momento de su partida y si soy honesta tendré que decirles que sentí que se me venía el mundo abajo.

Entre el proceso de la adaptación que estaba viviendo, el desbalance hormonal propio de haber dado a luz, más el tenerme que despedir de mi madre fue demasiado para mí, o al menos eso pensé en ese momento.

Sentí que no iba a salir a flote y más que nunca solo pensaba en regresar, en volver a los míos. No quería más seguir allí. Quería escaparme de mi realidad. Cerrar los ojos y al abrirlos estar lejos de todo.

Y me preguntaba mil veces como podía estar tan triste, si había traído al mundo a un maravilloso hijo sano, quien necesitaba una madre que estuviera feliz y no llorando todo el tiempo.

Pero a pesar de que estaba consciente de esta realidad y sabiendo de la necesidad de mi niño, era poco lo que creía que podía hacer para seguir adelante.

Me sentía muy deprimida y aunque tal vez lo tenía todo, sentía que me faltaba todo.

CAPÍTULO 9

Los tres primeros meses después del nacimiento de mi hijo fueron duros y muy pesados. Y sin temor a equivocarme puedo asegurar que el peso de vivir en el extranjero después de haber dado a luz se vuelve mil veces más sofocante y estresante.

Y la razón es simple, tienes que ir descubriendo poco a poco todo lo que envuelve la crianza de un hijo en tierra ajena. Algunas cosas te gustarán y otras no tanto. Irás viendo como crece tu hijo en aquellas playas que lo vieron nacer.

En cambio, cuando me embaracé por segunda vez ya tenía yo bastante *"colmillo"*. Me devoré todas reglas y opciones que tienen las embarazadas en el país que resido.

Me puse los guantes para pelear y esta vez exigí a boca llena (ya hablaba el idioma) mis derechos. No le iba a permitir a nadie que se volvieran aprovechar de mí solo porque era una extranjera.

Y por supuesto que recibí el trato que me merecía, como mujer y como ser humano.

A ti mujer (o pareja de una mujer emigrante) no le permitas a nadie que por desconocimiento se aprovechen de ti.

Ante cualquier situación busca información con terceras personas que hayan vivido la experiencia, pero también con manuales informativos o con los especialistas del tema.

Busca cuales son las leyes y las reglas que te amparan o bien que puedes exigir.

Estado de buena esperanza

No aceptes nada solo porque alguien te dice que así son las *"cosas"* en ese país.

Las personas por lo general son muy cómodas y siempre responden solo aquello que les conviene.

Investiga a fondo, toca diferentes puertas, navega profundamente por el ciberespacio (Internet) hasta que sientas que cuentas con las suficientes armas para exigir un trato justo.

Recuerda que la factura es alta frente a la ignorancia o desconocimiento. Conocer cuales son tus derechos y opciones te permite escoger o tomar decisiones acertadas.

Ojalá que mi experiencia te sirva para evitarte malos ratos o que te veas envuelto en situaciones delicadas.

Lo bonito de compartir vivencias es que uno aprende mucho de ellas y saca siempre conclusiones.

Las mismas pueden ayudarte a lo largo de tu camino como emigrante.

Yo a pesar de lo que me toco vivir, busqué la manera salir adelante. Ahora soy la orgullosa madre de dos niños quienes hacen de mis días en el *"exilio por amor"* más llevaderos y amenos.

CAPÍTULO 10

Llegada de la cigüeña

Con la llegada de los hijos ya sea en el extranjero o en la patria propia, tu orden de ideas cambia. Lo mismo que tus prioridades.

Cuando nacen los hijos en el extranjero, pienso que es cuando más se valora y se extraña la propia familia.

Tienes tantas ganas de compartir con ellos, el crecimiento y desarrollo de tus pequeños, que sientes que es una pena que estés lejos.

¡Sientes que tu familia se perderá de tanto! De cada pasito, gracia u ocurrencia. Llegan las fiestas de los niños y te lamentas porque ellos no estarán presentes.

CAPÍTULO 10

Tal vez te inquiete como será el vínculo entre tus hijos y tu familia habiendo tantos kilómetros de por medio. Sin embargo, sin temor a equivocarme puedo decirte que el verdadero amor rompe las barreras del tiempo y la distancia.

Los lazos de sangre son indestructibles.

Con el paso de los años he ido descubriendo (para mi alegría) que el amor auténtico es muy fuerte y que a pesar de que mis hijos ven a mi familia solo una vez al año la relación es increíble y el amor entre ellos es enorme.

Mis hijos aman muchísimo a mi familia y mi familia a ellos.

Claro, esto se debe a que para nuestra buena suerte actualmente contamos con tantos medios tecnológicos que nos permiten hacer *"una visita virtual"* a nuestras familias, no solo con sonido, sino también con imagen.

Por medio de fotos, videos, correos electrónicos, medios sociales y video llamadas, nos mantenemos mucho más cerca de los nuestros y ellos de nosotros. Podemos hablar con ellos y al mismo tiempo verlos. Esto hace que los niños mantengan con su familia *"lejana"* una relación cercana.

Sin embargo, para mantener el vínculo y la relación de tus hijos, con los tuyos, debes ser creativo y fomentar en ellos el amor hacia la familia *"lejana"*.

Cuando ellos estén de vacaciones con tu familia tienes que hacer de este tiempo un encuentro hermoso cargado de sorpresas agradables y mucho amor.

La llegada de la cigüeña

No le permitas a la distancia que se convierta en un obstáculo. Si bien es cierto cuando llegan las fechas especiales o las celebraciones, es cuando te das cuenta de lo lejos que estás.

Y que decir de cuando llegan tiempos revueltos. Lamentas enormemente que no puedan estar contigo o bien tú con ellos.

Es allí cuando te pesa abrumadoramente el estar lejos, el no poder compartir con ellos momentos especiales o circunstancias difíciles, o tan solo cada gracia u ocurrencia de nuestros hijos.

En lo particular a mí me encantaría especialmente los cumpleaños de mis hijos celebrarlos con mi familia.

Compartir con ellos la alegría enorme de un añito más de vida de mis tesoros, a quienes tanto amo, no tiene precio.

Mas lamentablemente eso muchas veces no es posible y te tienes que conformar con poner todo de tu parte para hacer de estas importantes fiestas, hermosos recuerdos para tus hijos.

Otra opción, es celebrar una fiestecita de cumpleaños para tus hijos cuando están de vacaciones con tu familia.

Mi hijo me decía que *"aquí"* las fiestas no eran tan divertidas como *"allá"*.

Él quería que su fiesta se la celebrara con mi familia.

Yo le respondí que no estaríamos con ellos el día de su cumpleaños.

CAPÍTULO 10

Él me respondió:

—*Eso no importa mamá, la hacemos cuando estemos allá.*

Así lo hicimos ¡Y quedó estupenda! Me sentí tan feliz al celebrar a mi hijo con mi familia, con mis amigos y en mi país. Él estaba muy contento y no es para menos porque en la fiesta sobró alegría, algarabía, entusiasmo y sobre todo amor.

Hicimos de esa ocasión especial una fiesta inolvidable.

En realidad todo tiene solución ¡Solo tenemos que ser creativos! Y no te preocupes que la creatividad es una cualidad que todos los que emigramos terminamos cultivando.

Al tener hijos invariablemente tienes que adentrarte de lleno en la nueva sociedad. Yo elegí ser madre y por el hecho de ser extranjera no quería que mis hijos sintieran que yo no podía moverme adecuadamente en su ambiente.

Yo siempre he querido que ellos se sientan bien representados por mí.

Para esto por supuesto la madre o el padre extranjero tiene que dar mucho de sí. Romper las barreras del miedo y participar en todas las actividades como si hubieras nacido en esa tierra. Y no me mal interpretes. No se trata de dejar a un lado lo que eres. Pero si de entender que la correcta integración da como fruto que nuestros hijos sean aceptados y bien vistos en la sociedad en la que viven.

La llegada de la cigüeña

A veces el idioma es un impedimento. Tú quieres participar, mas tu manejo del nuevo idioma no es el mejor y por tanto sientes que no estarás a la altura de las circunstancias. Lo cierto es que cuanto más pienses en esa limitante, más inseguro te mostrarás.

Frecuentemente, nuestro miedo hacer el ridículo nos deja paralizados, suspendidos en el tiempo.

Mi consejo es siempre el mismo, sacúdete esa vergüenza, y no te lo pienses dos veces, sal adelante, que es de humanos equivocarse.

Aún recuerdo la primera vez que me ofrecí para ayudar en la escuela de mi hijo. Yo no hablaba todavía muy bien el idioma y aún no conocía muy bien las rutas a mi alrededor.

Sin embargo, mi hijo me preguntaba a cada rato cuando iría a un paseo de la escuela con él. Así que decidí embarcarme en la *odisea*.

Debo decirles que mi hijo tenía mucha ilusión con este viaje, pues era la primera vez que su mamá, ósea yo, lo acompañaría.

Tenía que llevar a un grupo de niños a una pequeña finca donde había ovejas, gallinas, cabras, conejos, cerdos, entre otros. Según yo tenía bien apuntada la dirección. Subo en mi auto a los niños y nos vamos.

Trato de seguir los autos de otras madres que también iban al paseo. Pero para mi mala suerte me topo con un semáforo en rojo y entonces tengo que seguir adelante sin *ayuda*.

CAPÍTULO 10

—*¡Qué mala suerte!* —**me dije mí misma**.

Puesto que partiendo del hecho de que nací sin el *"chip"* de la orientación, esto no era una buena noticia. Y si a eso le sumamos que donde vivo llegar cinco minutos tarde es alarma roja, estaba claro que mi panorama no era muy placentero.

Continué con mi trayecto y di una vuelta equivocada la cual me llevó completamente en dirección contraria a mi destino. Empecé a ponerme nerviosa. Entonces uno de los niños le dijo a mi hijo:

—*Creo que tu mamá está perdida, eso es porque ella no es de aquí.* —**La cara de mi hijo se entristeció y me preguntó si realmente estábamos perdidos.**

— *¡Claro que no!* —**mi hijo me creyó y otra vez sonrió.**

No quería que mi hijo pensara que por ser extranjera no estaba a la altura de las circunstancias.

Eso también le pudo pasar a otra de las mamás. Sin embargo, los niños fueron muy agudos con él al decirle:

—*Ella no sabe, porque no es de aquí.*

Mientras tanto yo trataba de ver la manera de encontrar nuevamente el camino.

Bajé el vidrio y le pregunté a alguien como regresar. La chica me explicó a toda velocidad, porque llevaba prisa. Traté de concentrarme bien para entender todo y bueno por medio de la voluntad divina llegué a mi destino final.

La llegada de la cigüeña

Claro, todos nos estaban esperando. Imagino que deseaban escuchar mi excusa, nada más que esta vez los desilusioné. Me armé de valor y les dije:

—*¿Iniciamos el paseo?*

Haciéndome la desentendida y tratando de minimizar el incidente ¡Y lo mejor de todo es que funcionó!

Moraleja: normalmente hacemos de nuestros miedos, fantasmas inflados, que al final de cuentas no tienen valor. Lo importante es darles a nuestros hijos la seguridad que aunque somos extranjeros bien podemos dar la cara ante las situaciones que se nos presentan. Irradiarles la confianza necesaria para que ellos puedan desenvolverse adecuadamente en la sociedad donde están creciendo.

Al final de cuentas la gente siempre habla o critica.

¡Así que sigamos adelante!

CAPÍTULO 11

✥

Viajar con los pequeños

Como participo en foros femeninos de mujeres que vivimos en el extranjero. Veo con frecuencia que las madres (especialmente las primerizas) preguntan cómo es viajar con niños pequeños.

Yo soy madre de dos.

Así que les hablaré de mi experiencia y por supuesto de todo lo que he leído en dichos foros ¡Qué son verdaderamente fuentes de conocimientos para las mamás!

Después de dar a luz a mi primer hijo.

Tuve la oportunidad de viajar con él cuando apenas tenía 2 meses.

CAPÍTULO 11

Muchos, me tildaron de *"loca"*, otros de *"desesperada"*. Sin embargo, eso lo dejo al criterio de cada quien. Lo que yo si sé es que me sentía *"locamente desesperada por volver"*.

Estaba consciente de lo largo del viaje. Según la agencia de viajes en total serían 13 horas.

La realidad fue diferente puesto que en nuestra primera escala tuvimos un retraso de 5 horas. Así que haz tus cuentas.

Lógicamente, que lo que más me preocupaba era mi hijo. Básicamente que él estuviera lo más cómodo posible.

Para lo mismo solicité con tiempo una pequeña cunita. Dicha camita la azafata la empotra en una pared del avión, justo enfrente de tu asiento. Es una cunita para bebés pequeños.

En los vuelos cortos no existe esta posibilidad, pero en los largos sí ¿Qué tienes que llevar contigo para el bebé?

- Suficiente ropa para varias mudas.
- biberones, leche (si no lo estás amamantado).
- Comida (si es el caso).
- Agua.
- Pañales.
- Toallitas húmedas para limpiarlo.
- Una pañalera espaciosa y cómoda

Para la cunita llévale sus propias sabanitas, siempre es más higiénico que las que te dan en el avión.

O tal vez un pañal de tela donde ponga su cabezita ¡Por favor, que no se te olvide llevar su carriola!

Viajar con los pequeños

Es muy útil viajar con la misma. Especialmente si vas a hacer escala.

Ya estando en el avión, al despegar es recomendable que el bebé chupe algo para evitar que se le tapen los oídos.

Dale su biberón o dale el pecho en ese momento. Otra opción es el chupón en el caso que lo use.

Cuando el avión ya haya alcanzado la altura suficiente solicítale a la azafata que, por favor, te coloque la cunita.

En mi caso cuando acosté a mi hijo en la misma. Durmió plácidamente muchas horas.

Sin embargo, era yo quien no me podía relajar pensando que algo le podía pasar ¡Por favor, entiéndanme, era madre primeriza!

Por eso es que lo cuento para que sepan que no les pasa nada y pierdan el miedo.

Yo lo estaba amamantando así que no tenía que llevar ni biberones, ni leche conmigo. Solo tenía que preocuparme por mantenerme hidratada todo el tiempo.

Recuerda que las cabinas de los aviones son muy secas y que hay que tomar líquidos más frecuentemente. Especialmente si estás dando el pecho.

También llevé conmigo un botiquín con lo más esencial para una emergencia en el avión ¡Gracias a Dios eso no fue necesario! Pero siempre hay que llevarlo. Mujer (u hombre) precavido vale por dos.

CAPÍTULO 11

En pocas palabras puedo decirte que mi hijo ni se dio cuenta de que estaba en un avión. Y la misma experiencia se repitió con mi hija, cuando viajé con ella con 3 meses de haber nacido.

Por ese lado todo salió muy bien. El bebé llegó feliz, sano y salvo a su destino.

Lamentablemente no puedo dar el mismo testimonio de la madre del bebé ¡Quién llegó exhausta!

Ahora te explico donde estuvo el error. A mí siempre me ha gustado andar bien arreglada. Y como en un capítulo anterior mencioné: *regresar* es siempre un gran acontecimiento. Entonces obviamente yo tenía que verme a la altura de las circunstancias.

Partiendo de la premisa que *"antes muerta que sencilla"*. Viajé con ropa muy bonita pero eso si muy incomoda e inadecuada para un viaje tan largo.

Viajar con niños es otra cosa completamente diferente a viajar solo o con adultos. Sobre todo cuando estos son bien pequeñitos, debemos viajar muy cómodas para evitar un desgaste innecesario.

Porque si no al final del viaje te pasará lo que a mí, que el *"antes muerta que sencilla"* se convirtió en *"sencillamente muerta del cansancio"*.

Con el pasar de los años mis pequeños fueron creciendo. Entonces cada viaje con ellos se volvió una aventura larga y sobre todo llena de anécdotas de todo tipo.

Viajar con los pequeños

Sobre esto podría escribir un libro aparte. Mas no es el caso. Solo puedo decirles que mis viajes cuando eran bebés recién nacidos fueron sin dudas los más tranquilos y más llevaderos de todas mis travesías.

De los viajes más pesados fue uno con mi hijo.

Viajaba sola con él. Teníamos un solo asiento puesto que los mismos están destinados para adultos o niños mayores de dos años. Y él tenía 22 meses.

Era un niño grande y pesado. Comía como todo un campeón. Y era inquieto como el que más.

Para mi mala suerte el avión iba repleto, ni un solo asiento libre.

Lo positivo era que nos sentamos en pasillo. Lo cual partiendo que mi hijo cada 10 minutos quería ir a caminar, era una ventaja definitiva.

Con sus ojitos grandes y su vasta sonrisa iba descubriendo cada rincón del avión. Con cada pasajero se detenía y a todo el mundo le balbuceaba algo.

Sí, al final del viaje todos se sabían su nombre.

Cuando empezaban las turbulencias teníamos que permanecer sentados. Claro está con el cinturón abrochado.

Mi pequeño terremoto no podía estarse quieto y entonces brincar en mis piernas se volvía su diversión del momento ¡Lo malo fue que el rato duró más de la cuenta! Yo estaba a mitad del viaje ya agotada.

CAPÍTULO 11

Como no confío mucho en las comidas de los aviones y mucho menos para un chiquito de casi dos años. Le llevé a mi hijo su propia comida. La cual se la comió sin problemas. Luego cuando me sirvieron la mía. No tardó el pequeño en echarle mano también a mi comida.

Por más que quise evitar que no comiera de la misma fue sencillamente imposible tomando como base que lo tenía sentado en mis piernas. Al menor descuido andaba pellizcando esto o tomando un pedacito de aquello.

Un par de horas más tarde y después de múltiples intentos fallidos de quererlo dormir. Aún seguía despierto, con las mismas energías y con el mismo entusiasmo.

Mientras yo, por otro lado, estaba con las pilas completamente descargadas. Miro el reloj y siento esperanzas nuevamente. Estamos casi llegando.

Inicié una conversación con mi vecino de asiento, la cual me tenía distraída y entretenida.

Hasta que mi otro vecino me dijo que algo se estaba deslizando debajo del pantalón de mi hijo. Cuando detengo mi mirada fijamente en su pierna, de un solo brinco estaba yo en la puerta del baño.

¡El baño como siempre estaba ocupado!

Empiezo a tocar de forma desesperada la puerta. Informándole de manera alarmante a quien estaba dentro que tengo una emergencia y que necesito entrar cuanto antes.

Viajar con los pequeños

En estos casos todo se complica. A la chica que estaba dentro del baño parece que también la comida del avión le había caído tan mal como a mi hijo. Por fin abrió la puerta. Sin pensarlo dos veces estábamos adentro. Empecé a desnudarlo y el desastre era tan grande que no sabía por dónde empezar.

En ese momento alguien empieza a tocar la puerta de nuestro baño.

Era la azafata quien me decía que tenía que retornar a mi asiento porque íbamos a empezar el aterrizaje.

—*¿Y ahora qué hago?* —**me preguntaba.**

Todo fue tan rápido que solo sé que me acabe una caja de toallitas húmedas limpiando al niño a la velocidad del rayo. Que agarré la ropa sucia y la metí en una bolsa. Que le puse un pañal limpio y que salí disparada con el bebé en mano rumbo a mi asiento. Nos pusimos los cinturones y unos minutos más tarde estábamos tocando tierra.

En la aduana todos se quedaban mirando a mi pequeño angelito, quien al aterrizar por fin se quedó dormido.

¡Después de muchas horas de viaje! Estaba solo con su pañal.

A pesar de haberle llevado varias mudas de ropa ¡Todo estaba sucio!

Lo bueno fue que llegamos al trópico. Donde hacía tanto calor que hasta a mí se me apetecía andar solo con un pañal.

CAPÍTULO 11

Cuando mis padres nos recibieron, lo primero que me preguntaron:

—*¿Por qué lo traes desnudo?* **—mientras nos miraban con cara de asombro.**

—*Es una historia muy larga de contar*—**suspiré**.

Sin embargo, a pesar de los múltiples obstáculos que siempre se presentaron en mis primeros viajes. La alegría enorme estar de nuevo con los míos, hacía que pronto me olvidara de los ratos incómodos vividos en mi travesía.

Digamos que viajar rutas muy largas con niños pequeños es algo así como entrar en un concurso de pruebas por superar.

Les deseo que al final de sus viajes digan como yo: "*¡Prueba Superada!*"

CAPÍTULO 12

Crianza Bilingüe y Multicultural

Los niños son sin duda el centro o el núcleo más importante en la vida de los padres. Queremos y deseamos solo lo mejor para nuestros hijos.

Partiendo de esta premisa me resulta extraño como algunos padres, que viven en el extranjero, no les enseñen a sus hijos su lengua materna.

Si donde te has establecido, el idioma hablado es diferente al tuyo es de vital importancia que le hables a tus hijos desde que nacen solamente en tu idioma natal.

Yo tengo dos hijos y ambos hablan el idioma del país donde vivimos y también hablan mi lengua.

CAPÍTULO 12

Costó tiempo, esfuerzo y sobre todo mucha constancia. Sin embargo, el resultado es fantástico. Tus hijos hablan antes de los seis años dos idiomas de manera fluida.

Es un regalo para toda la vida, lleno solo de ventajas. No solo porque ya tienen a tan corta edad dos lenguas en su currículo sino porque su cerebro ya está entrenado para el aprendizaje de idiomas, y este se realizará con mayor facilidad en comparación de los niños que hablan una sola lengua.

La crianza bilingüe tiene un manantial de atributos y eso lo dicen los expertos en el tema. El bilingüismo tiene efectos positivos en la inteligencia y en otros aspectos de la vida del niño.

Los investigadores de esta materia coinciden en afirmar que es mucho mejor el aprendizaje precoz, es decir, hablarle a los niños en ambos idiomas desde su nacimiento, porque permite el dominio completo de ambas lenguas.

Los niños bilingües crecen con una mejor disposición en el campo de la comunicación y un amplio espectro cultural.

Dicha diversidad, estimulará su desarrollo intelectual. Brindándole al niño todo esto, mejores oportunidades de trabajo en su edad adulta.

Como tengo amigas de diferentes nacionalidades veo con mucha gracia la manera tan espontánea con la que sus hijos responden en el idioma adecuado a cada persona.

Crianza bilingüe y multicultural

En mi experiencia vi como a mi hijo mayor le costaba bastante el juego de los dos idiomas. De hecho, durante mucho tiempo se negó hablar conmigo en mi lengua materna.

Yo nunca lo presioné ni lo obligué, siempre le di la libertad de hablarme en el idioma que más le gustara. Eso sí, yo siempre le hable únicamente en el mío.

Recuerdo como mi hijo me preguntaba si yo podía hablar también *"su idioma"*.

—*Claro que si lo hablo* —**pero mis palabras no lo convencieron.**

—*Estamos aquí hablemos entonces mi lengua* —**insistió él.**

—*Ten la libertad de responderme o hablarme en el idioma en el que más cómodo te sientas. Yo también haré lo mismo. Te hablaré en mi lengua materna porque ese es el idioma de mis emociones y de mis sentimientos* —**le contesté serenamente** —*Hijo yo te amo más que a nadie, así que este inmenso amor solo lo puedo expresar en el idioma de mis padres y abuelos. Tú tienes que entender y aceptar que tu mamá es de otro país, que habla otro idioma, y que tiene una cultura diferente.*

Mi hijo se me quedó mirando largo tiempo. No supe en ese momento si con su corta edad había entendido el significado de mis palabras.

Un par de años después me dijo:

—*Yo sé que tú eres diferente a las demás madres de la escuela y eso es porque eres de otro país.*

CAPÍTULO 12

Como dije anteriormente, él se oponía o bien se resistía a hablarme en mi idioma, sin embargo, cuando se iba acercando su sexto aniversario, hubo un cambio en él, pues de repente me hablaba en español.

Por supuesto que cuando estábamos de vacaciones con mi familia, los primeros días eran un poco confusos para él.

Sin embargo, alrededor del tercer día empezaba hablar nuestro idioma de manera natural y espontánea.

Escucharlo hablar con mis padres, en mi idioma materno de manera fluida, es para mí una gran bendición.

Con mi hija, la menor, todo fue más rápido, más fácil, tal vez porque estaba consciente que aunque los primeros años son más difíciles, un poco más tarde llegaría la recompensa para todos.

Para los padres y para los hijos quienes a una edad tan corta hablan y entienden fluidamente dos idiomas.

Es un gran premio que mis hijos puedan hablar mi idioma. Una parte muy importante de mí quedará grabada para siempre en su ser.

Mi familia y ellos podrán profundizar su relación y ellos entenderán y aceptarán fácilmente mi cultura, mis tradiciones.

Sencillamente conocerán mejor a su madre y lo que ella representa a pesar de estar en el extranjero.

Crianza bilingüe y multicultural

Un tema que no puedo dejar de mencionar en este acápite es la alfabetización de los niños bilingües.

La misma es un gran paso para todos los niños, pero en particular para aquellos que manejan dos idiomas simultáneamente es un verdadero reto.

En dicho proceso deben los padres participar activamente en compañía de los maestros para así permitir un efectivo aprendizaje.

Muchos queremos o tenemos como objetivo alfabetizarlos en los dos idiomas. Los expertos en la materia dicen que el secreto está en enseñarles a leer en el idioma que mejor comprenden, que normalmente es el idioma del país donde los niños están creciendo.

Así se le evita al niño las frustraciones que se generan al no comprender el significado de las palabras o bien el manejo correcto de la pronunciación de las mismas.

Dichas frustraciones podrían terminar en un bloqueo de su aprendizaje.

Es nuestro deber como padres de niños bilingües inculcarles el hábito de la lectura en ambos idiomas.

Por tanto, es imprescindible que nos involucremos de lleno en la alfabetización del niño.

En lo particular para mí no fue una tarea fácil ni amena, pero estaba muy consciente de lo necesaria que era y sé que en el futuro veré los frutos de este esfuerzo.

CAPÍTULO 12

Cuando uno es extranjero y le toca a nuestros hijos iniciar su vida escolar son muchas las preguntas que uno se hace.

Es lógico pues tu pequeño tesoro dejará de estar bajo tus alas para volar todos los días a su centro de enseñanza.

Dicho centro tal vez no tenga nada que ver con tu propia experiencia escolar.

No puede dejar uno de experimentar temor ante lo desconocido, ante aquello que se ve grande porque no se conoce. No quieres bajo ningún motivo hacer una novatada con el futuro escolar de tu pequeño.

Sin embargo, básicamente el primer paso para ayudar a nuestros hijos está en perder el miedo.

No permitirle a la vergüenza que nos gane a la hora de preguntar lo que tal vez para el resto es obvio.

Por supuesto que ante algunas preguntas, escucharás detrás de ti el murmullo burlón de algunas madres y sin lugar a dudas tal vez estos comentarios venenosos hagan también tambalear tu confianza en ti mismo.

Dímelo a mí, que algunas veces gracias a los mismos he tenido ganas de tirar la toalla y regresarme a mi país.

Mas al final cuando el coraje pasa y se piensan las cosas con más claridad, te das cuenta de que *"a palabras necias, oídos sordos"*.

Crianza bilingüe y multicultural

Te cubres con la mejor armadura del mundo que es el amor de madre o de padre y verás como sales adelante en medio de la incertidumbre.

Retomando otro tema, se da también el caso de que nos llevamos a nuestros hijos a vivir a otro país.

Nuestra primera preocupación no es nuestra adaptación sino la de ellos.

Queremos verlos contentos, adaptados y compenetrados en su nueva sociedad.

Sobre la base de mi propia experiencia, cuando emigré por primera vez en compañía de mis padres, siendo una niña de escuela primaria.

Puedo decirles que a pesar de habermedolido mucho separarme de mi familia materna, recuerdo a la perfección que me adapté en un abrir y cerrar de ojos.

Pronto tenía muchas amigas con quienes jugar y nuevos compañeros en la escuela.

En el caso del aprendizaje de un nuevo idioma. Los niños son como esponjas una nueva lengua en tan solo unos meses es para ellos un juego sin mucha dificultad.

Los niños sobreviven y salen a flote rápido ante el cambio.

Tal vez porque quizás no estén tan *"programados"* como los adultos. El cambio cuando era niña lo experimenté de un modo mucho más benigno que de adulta.

CAPÍTULO 12

Si tienes hijos es probable que al principio la idea del cambio no les guste ni les emocione.

Incluso puede ser que los primeros meses te digan:

—*¡No nos gusta nos queremos regresar!*

Sin embargo, los niños normalmente se centran en su presente y por ende descubres un día cualquiera como nuevamente vuelven a sonreír.

Como de la noche a la mañana ya están adaptados y se sienten parte de esa sociedad.

Otro tema importante, es la trasmisión de tradiciones y costumbres de tu propia cultura.

Dale a conocer a tus hijos, las fiestas que en tu país celebran y como lo hacen.

Enséñales cuales son esas tradiciones típicas de tu país que por supuesto quieres que conozcan.

Explicarles porque estás tan orgulloso de tus raíces y de la tierra que te vio nacer.

No se trata de crearles un nacionalismo o patriotismo falso o peor aún exagerado, pero si inculcarles amor y respeto por ese país que aunque está lejos es también de ellos.

Un pedacito de esa nación por herencia les pertenece a ellos. Lo importante es hacerlos participar de tu propia cultura.

Porque en el fondo ellos serán una mezcla de creencias, tradiciones y costumbres, propias del país en el que están creciendo y de tu propio país.

Claro, esto será así siempre y cuando hagas bien tu tarea.

CAPÍTULO 13

❧

Ambos migrantes

Se da el caso también en que ambos son emigrantes. Ósea que los dos miembros de la pareja son extranjeros en el país que residen.

Este grupo lo vamos a dividir en dos. El grupo de las parejas con la misma nacionalidad que viven en el extranjero. Y también las parejas con nacionalidades distintas y ambos viviendo en el extranjero.

Voy a empezar por las parejas con la misma nacionalidad viviendo en el extranjero.

Ambos están solos en ese país extraño, probablemente no cuentan con familia ni amigos. Entonces es mucho lo que hay que recorrer.

CAPÍTULO 13

Tal vez la razón por la que estén allí es porque uno de los dos tuvo una buena oportunidad de trabajo que no pudo ser desaprovechada.

O porque la situación económica en el país de origen de esta pareja, los llevó a tomar la decisión de marcharse y probar suerte en playas extranjeras.

Quizás sea uno quien trabaje y el otro este a cargo de la familia o bien en búsqueda de trabajo.

En este caso ambos pasarán por el proceso de adaptación, pero de manera diferente pues mientras el uno viajó por tener una oportunidad excelente de trabajo, el otro lo ha hecho exclusivamente por seguir a la pareja.

Mientras uno llega ya con una agenda llena de reuniones laborales y compromisos, el otro está en casa desempaquetando su vida.

Un entorno laboral diferente, nuevos colegas, nuevos proyectos, nueva casa, hacen que en la vida de uno de ellos no quede tiempo para que el proceso de adaptación dure mucho.

En cambio, para la pareja de este todo es muy diferente, puesto que ha emigrado siguiendo los pasos de su compañero sentimental.

Entonces este miembro de la pareja se convierte sin quererlo o haberlo buscado en un "Migrante por Amor".

Un emigrante por amor que tiene también que encontrar un lugar en la sociedad.

Ambos migrantes

Quien tiene que empezar de nuevo en un espacio ajeno y poco a poco tendrá que irse abriendo paso.

Partiendo del hecho que no tiene en el momento de su llegada, más que los sueños y esperanzas prestados de su pareja.

Cuando no tenemos nuestras necesidades básicas cubiertas, el ser humano centra en sobrevivir, en salir aunque sea penosamente a flote.

Este es el caso de tal vez muchas parejas que emigran para buscar un futuro mejor.

Muchas veces emigra primero uno y luego con el tiempo lo hace el otro miembro de la pareja.

En dichas circunstancias hay menos tiempo y menos energías para que nuestros sentimientos nos invadan ampliamente.

Nuestras preocupaciones están más bien basadas en salir adelante, en encontrar trabajo lo antes posible. En luchar sin descansar para alcanzar un nivel de vida digno y llevadero.

Cuando lo obtenemos, irónicamente, es que damos rienda suelta a nuestros pensamientos. Entonces empezamos tal vez a extrañar esto o aquello.

Es a partir de allí que nos sentiremos satisfechos o insatisfechos con nuestra actual realidad. Es en este punto donde nos volveremos críticos y anhelaremos tal vez nuestra realidad anterior.

CAPÍTULO 13

Ambos extrañarán su tierra y todo lo que atrás quedó. Nada tiene que ver que financieramente hablando la familia esté mucho mejor. Lamentablemente la adaptación no se compra con dinero. Y la necesidad de lo *"nuestro"* no se satisface con un monedero lleno.

Para parejas en las que ambos son extranjeros es un poco más difícil la aceptación de estos en la nueva sociedad. Ambos desconocen la nueva cultura, las maneras, las normas, reglas y modo de ser de estos habitantes.

En caso de tener hijos lo mismo aplica para los niños. Todo es y será nuevo para ellos y en este caso no contarán con alguien que les vaya diciendo como funciona este nuevo mundo.

Sin embargo, los niños como lo he dicho anteriormente salen adelante mucho más rápido que los adultos. Los niños en su mayoría son fácilmente adoptados por la nueva sociedad y en poco tiempo se sienten un miembro más de la misma.

Este sentimiento de pertenencia les da a los niños la seguridad necesaria para desempeñarse adecuadamente en su nuevo medio ambiente y por tanto ser feliz en el mismo.

En el caso de que ambos miembros de la pareja emigrante tengan la misma nacionalidad la trasmisión de la cultura, usos y costumbres fluirán más fácil.

El inconveniente estará entonces en la crianza de los hijos. Pues estos están creciendo en una sociedad a la que de origen no pertenecen sus padres.

Ambos migrantes

Normalmente, esta pareja en la que ambos son emigrantes busca otras parejas que como ellos sean extranjeros en esas tierras. Para así formar pequeños núcleos *"familiares"* con los mismos.

Los colegas del miembro de la pareja que labora cobran especial importancia, puesto que estos serán una guía inicial para esta familia en la nueva sociedad.

Serán indudablemente los primeros amigos y al principio tal vez los únicos cercanos.

Es muy importante irse relacionando y hacer nuevas amistades, pues la vida solitaria en el extranjero no es buena compañía. Todos necesitamos y queremos formar parte de actividades especiales y claro que si compartir con los demás.

Es primordial crear un balance saludable que les permita a los hijos seguir desarrollándose en el ambiente en el que se encuentran sin perder su propia identidad.

Al participar en actividades y fiestas propias del país de origen se mantiene el vínculo vivo lo cual cobra especial relevancia. Puesto que a la vez vamos contagiando a nuestros hijos con la alegría y la algarabía de nuestras tradiciones y celebraciones. Vamos también infundiendo en ellos el amor a la patria que pertenecen pero que está lejos de ellos.

Estas parejas deberían tratar por todos los medios de seguir comunicándose en casa en su propio idioma.

CAPÍTULO 13

Pues así rescatarán algo tan importante como lo es la lengua materna.

Lengua con la que los hijos podrán seguir en contacto con su familia cuando vayan de vacaciones o cuando hablen por teléfono con ellos.

Lengua que quedará registrada en su trayectoria curricular cuando sean adultos. Lengua que representa la identidad de sus padres y la de su propio origen.

Estoy más que convencida que la mezcla de culturas solo puede terminar en el aumento de experiencias, conocimientos y cualidades.

Ahora bien cuando la pareja que emigra es de diferentes nacionalidades, esto envuelve mucho más que el caso anterior.

Tenemos una pareja que tendrá que adaptarse a una nueva sociedad, una nueva cultura y también deberá convivir con los usos y costumbres propios del país de su pareja.

Puesto que somos lo que representamos. Lo que adquirimos en nuestra niñez. Somos en cierta medida un pequeño molde del país en el que nacemos.

No obstante, parecerá un camino sin final el tener que adaptarse a tantas diferencias.

Sin embargo, también podemos verlo como fantástica oportunidad para un enriquecimiento cultural enorme. Una vista fascinante ante la diversidad y la pluriculturalidad.

Ambos migrantes

En donde claro tendrán que buscar terrenos neutrales en todos los aspectos.

Como por ejemplo el idioma que hablarán en casa, el menú que día a día tendrán en la mesa.

Los usos y costumbres que utilizarán para determinadas circunstancias. Y la crianza de los hijos ante tanta diversidad. Entre otros muchos aspectos a tomar en cuenta.

Por supuesto que siempre se puede encontrar un balance y un equilibrio adecuado para que todo marche en orden.

Sería de enorme provecho para los hijos el conocimiento de ambas culturas.

Es decir, que cada miembro de la pareja le pueda trasmitir a los hijos un poquito de todo aquello que dejaron en su país de origen.

En cualquiera de los casos, cuando la pareja de ambos emigrantes, llega a un nuevo país, después de establecerse y de ambos tener trabajo (si es el caso). Deberían entonces tratar de ampliar su círculo de amistades. Ya sea con los colegas del trabajo, los vecinos, padres de la escuela de los niños, en fin de lo que se trata es de no permanecer aislados.

Actualmente contamos con lo que se llama *"Redes Sociales"*.

CAPÍTULO 13

Dentro de las *"Redes Sociales"* podemos encontrar algunos programas que nos ayudan a encontrar grupos virtuales o espacios cibernéticos que reagrupan determinados grupos de personas.

Por ejemplo en las mismas podemos encontrar grupos de connacionales en determinado país.

O bien grupos más abiertos, agrupaciones que quizás sus miembros no son del mismo país pero si son parte de una región con un idioma y una cultura que los caracteriza.

De esta manera, estas parejas se pueden irse acercando a personas e ir haciendo crecer su grupo social.

En la medida en la que el conjunto de sus amistades va creciendo irán aceptando más fácilmente cada día que pasa su nuevo mundo.

CAPÍTULO 14

❧

Círculo de amigos

En varios capítulos anteriores hemos tratado que las amistades hechas en el "exilio" son amistades que cobran especial valor, por diferentes razones.

Cuando emigras, llegas a residir a un país donde probablemente no conoces a nadie en el caso de que ambos sean emigrantes o que hayas emigrado solo. O bien donde tal vez solo cuentes con la familia o las amistades de tu pareja.

Llegas tal vez sin trabajo y en tu agenda abundan las páginas en blanco. Pasan los días y no tienes necesidad de abrirla porque al hacerlo solo descubres que no tienes nada apuntado.

CAPÍTULO 14

Todos somos entes sociales y de una u otra manera necesitamos de los demás. Necesitamos comunicarnos, expresarnos. Asistir a eventos y actividades sociales.

Queremos que nos llamen y nosotros tener también algún número telefónico que marcar. Queremos ser invitados a tal o cual fiesta y nosotros tener a alguien a quien invitar a nuestras actividades ¡En fin socializar!

Por supuesto que como está la tecnología actualmente, a través de las redes sociales puedes seguir en contacto con *"tu mundo anterior"*.

Pero lamentablemente ellos no se harán presentes en ninguno de tus eventos porque aunque *"tecnológicamente"* estén cerca, físicamente no lo están.

¿Entonces qué te queda? ¡Salir a buscar amistades! Salir a encontrar tesoros porque el buen amigo, es más valioso que el oro.

Cuando recién llegué a mi *"exilio"* obviamente no conocía a nadie aquí. Me sentía muy mal, porque soy, como buena latina, un ente social, espontáneo y alegre a quien le gusta disfrutar de la buena compañía.

Los amigos de mi esposo no eran una opción por la barrera del idioma, en sus reuniones me sentía aislada y a la vez rodeada de gente. Con la familia política experimentaba lo mismo.

Tenía una enorme necesidad de encontrar gente con quien poder intercambiar ideas, pensamientos.

Por supuesto, los amigos, no llegaron de inmediato. Y de hecho, no "llegaron" yo salí a buscarlos.

Círculo de amigos

La tarea no fue fácil. Pues no vas a poner un anuncio en el periódico que diga: ¡Migrante por amor busca amigos porque se siente sola!

Ni tampoco vas a salir a la calle con un letrero pegado a tu cuerpo que diga: ¿Quieres ser mi amigo?

Recuerdo que conocí varias hispanohablantes. Las buscaba con cierta frecuencia.

También las invitaba a mi casa y hacía todo lo posible por cultivar junto a ellas una bonita amistad.

Sin embargo, mis primeros intentos fueron inútiles y a la vez desalentadores.

No sé si tal vez mi necesidad de tener amigos era tan evidente, que terminaba espantando a todas las personas a mi alrededor.

O tal vez la soledad que sentía era tan grande que ahuyentaba a mis posibles *"víctimas"* ¡Perdón! *"Amigos en potencia"*. O quizás me estresaba más de la cuenta cuando tenía a un *"candidato"* enfrente de mí.

No lo sé. Lo que si sé es que invariablemente me preguntaba:

—*¿Pero qué hago aquí? ¿Por qué tengo que mendigar amistades? Si yo tenía tantas, buenas y valiosas amistades ¿En el nombre de quién tengo que vivir esto?*

Al finalizar estas preguntas por supuesto, unas cuantas lagrimitas se deslizaban por mis ojos.

CAPÍTULO 14

Sí, ¡no es fácil! Quieres recobrar lo que ya tenías, pero no es posible.

Mas aquí viene la buena noticia, los amigos, nuestros tesoros, están allí, a la vuelta de la esquina, no te quedes mucho rato lamentando tu situación actual ¡Sal a buscarlos! Están más cerca de lo que crees.

Pero eso si, no cometas mi mismo error de creer que en un abrir y cerrar de ojos tendrás la relación de amistad más bella del mundo.

No, la amistad no funciona así. A la amistad hay que darle tiempo, hay que sembrarla con amor y llenarla de muchos cuidados. Tal vez al principio te parecerá que solo eres tú el único que la cultiva o que le da importancia.

Confiá en mí, verás como al pasar el tiempo, tu teléfono empezará a sonar, en tu buzón aparecerán hermosas tarjetitas de invitación, en tu agenda encontrarás uno que otro compromiso que te llenará de ilusión.

Y viéndolo todo con más objetividad y con varios años de distancia puedo decir sin temor a equivocarme, que todo en la vida toma tiempo y que una pequeña planta no crece de la noche a la mañana.

Como bien mencioné después de varios fracasos, no me di por vencida y seguí adelante con mi plan de encontrar mis *tesoros*.

¡Y vaya que si los encontré! Amistades con quienes podía desahogar mi corazón dolido cada vez que estaba de regreso de visitar a mis padres.

Círculo de amigos

Amigos a quienes siempre podría llamar para expresarles las insatisfacciones y los obstáculos encontrados en el *"exilio"*.

Personas, muchas de ellas como yo, extranjeros que entendían perfectamente de lo que hablaba y de lo que experimentaba.

Ellos especialmente los que tenían más años que yo residiendo en tierras lejanas eran *sabios*.

Podían responder casi a todas mis preguntas. Contar con ellos era como tener una buena enciclopedia en casa.

Puesto que una cosa es como los ciudadanos de una nación ven una determinada situación y otra muy distinta es como la ven los extranjeros que residimos en dicho país.

Lo que para unos es algo normal y cotidiano, tal vez para otros es motivo de escándalo y asombro.

Algunos, me dirán, que siempre hay información escrita.

Sin embargo, existen detalles de la convivencia diaria importantes, pero como solo son *"detalles"*, nadie habla de ellos. Se da por sentado que debemos saberlo.

Mas los amigos si lo saben y ellos nos lo dirán para evitarnos situaciones bochornosas e incómodas.

Y es allí la importancia de tenerlos y de fomentar esas amistades.

CAPÍTULO 14

Chistoso, pero al pasar de los años fuera de mi país yo también entré en el grupo de los amigos *"sabios"* y cuando conocía a un recién llegado o bien a una mamá primeriza extranjera siempre le trasmití todos mis conocimientos de la materia con mucho entusiasmo.

Me sentía muy bien haciéndolo. Sabía que podría ahorrarle horas de esfuerzo buscando información o bien evitarles sencillamente toparse con sorpresas desagradables.

Siempre que me llamaban algunas de ellas se sentían un poco avergonzadas, pues tenían un largo cuestionario para preguntarme. Mas yo siempre estaba dispuesta a responder del mejor ánimo posible.

En su momento lo hicieron por mí, ahora me tocaba a mí ayudar a otra persona. De esta manera, se cierra el círculo y siempre que llegue alguien y busque ayuda la podrá encontrar.

Quedarnos con nuestras experiencias (positivas y negativas) sería egoísta, compartirlas con quien podrá apreciarlas es lo correcto.

Resumiendo, amigo emigrante, trata por todos los medios de insertarte en tu nueva sociedad, más aún, de hacerte de un núcleo de amistades.

Pues cuando lleguen los momentos duros o difíciles en tu vida por lo menos podrás contar con el apoyo incondicional que solo un buen amigo te puede dar.

Porque para las fiestas siempre sobra quien quiera ir.

Círculo de amigos

Sin embargo, no hay nada mejor ante una vicisitud que tomarnos una taza de chocolate caliente al lado de una mano amiga que nos respalda.

CAPÍTULO 15

❦

Emigrar por necesidad

Este capítulo completo está basado en investigaciones propias de una servidora.

En entrevistas e historias personales de los lectores de mi página web: www.migranteporamor.com todos ellos emigrantes. Y en información recolectada en diversas páginas web que al final de este libro cito al detalle.

Hasta ahora hemos visto lo que es emigrar porque nos enamoramos de un extranjero.

Mas claro, esta no es la única razón y seguramente tampoco la más frecuente de las razones.

CAPÍTULO 15

Muchos de mis lectores han emigrado porque en sus países de origen, no vieron ninguna posibilidad para alcanzar sus sueños.

¿Quién no sueña con tener su casa propia?

¿Quién no quiere brindarle a sus hijos una vida decorosa y con más comodidades?

¿Quién no quiere ganarse dignamente el pan de cada día y a la vez ver que está progresando?

Todos soñamos con una vida mejor, que nos brinde cierta seguridad económica o a la vez aunado a un crecimiento personal y laboral.

En los países donde la distribución de las riquezas es completamente inequitativa. Las personas con menos recursos económicos, se sienten atrapados en su realidad.

Realidad en la que no se vislumbra mucho futuro. Porque trabajan sin parar, mas sus esfuerzos no se ven compensados con sus ingresos.

Normalmente, son personas luchadoras con ganas de salir adelante pero son víctimas de un sistema que solo premia a los más ricos y a los políticos corruptos.

En cambio, la gente humilde y buena del país se ve siempre con la soga al cuello. Reciben menos oportunidades de formarse profesionalmente, lo que tiene como consecuencia que tengan que dedicarse aquellos oficios donde la paga es insuficiente.

Emigrar por necesidad

En esa situación se encuentran muchas personas cuando de repente escuchan de boca de algunos familiares lo bien que les va en el extranjero. Lo mucho que les pagan, lo bien que se sienten. Algo así como si el dinero anduviera tirado en el piso y solo tuvieras que recogerlo.

Posteriormente esa persona empieza a pensar seriamente en la posibilidad de emigrar.

No puede dormir en las noches, imaginándose todo tipo de realidades maravillosas y espectaculares.

Una hermosa vida en el extranjero, lejos de esta que solo está llena de carencias y miserias.

De esta manera, es como muchos se embarcan en una complicada travesía, sin pensarlo mucho, sin planificarlo nada.

Es allí donde se ponen en contacto con algunos entes sin corazón, que trafican con ellos como si fueran mercancía sin valor.

Algunos no alcanzan su meta. Otros corren con suerte y logran llegar a sus destinos. Yo te pregunto:

—¿Estás desesperado? ¿Ya no aguantas más tanta opresión? ¿Tanta injusticia? ¿Sientes que la vida se te esfuma sin ver a cambio algún rayito de sol?

Piensas que definitivamente necesitas un cambio en tu vida. Y decides emigrar. Pues bien yo no te voy a decir hazlo o no lo hagas.

CAPÍTULO 15

Si optas por hacerlo, si te vas a embarcar en tan riesgosa empresa, hazlo bien.

El dinero no anda tirado en las calles de ningún país del mundo y a veces la situación económica del país al que queremos emigrar está peor que en el nuestro.

No te dejes engañar por el canto de la Sirena. No te vayas solo porque alguien te dijo lo bien que estarás allá. Investiga primero.

Si te vas, piénsalo todo muy bien.

Haz un plan. Prepárate lo mejor posible para tu partida.

Busca en las bibliotecas públicas, libros para aprender inglés. Busca centros de enseñanza de inglés gratuitos o a muy bajo costo.

¿Sabías que en Internet puedes encontrar cursos de inglés básico completamente gratis?

En las bibliotecas públicas hay computadoras con conexión a Internet disponibles para los usuarios de las mismas.

Si lo hablas aunque sea poco tus posibilidades serán mejores que las de aquellos que no hablan nada.

Aprende a utilizar las computadoras y los programas básicos de la misma. Esto en combinación con un oficio te serán de enorme utilidad cuando emigres.

Emigrar por necesidad

Recuerda que si hablas más o menos inglés, tienes un oficio y puedes utilizar las computadoras. Te estarás garantizando un futuro mejor.

¿Acaso se va un soldado a la guerra sin armas?

¿Sin previo entrenamiento?

¿Sin saber nada sobre su enemigo?

Si lo hace así, te aseguro que morirá en la guerra.

Entonces te atreverás tú, a irte sin hablar el idioma, sin tener ningún oficio, sin saber utilizar las computadoras, sin conocer a nadie a allá, sin saber ni siquiera a dónde llegarás. No lo creo, tú eres inteligente.

Decides marcharte. Necesitas ponerte en contacto con una de esas personas que te "ayudarán" a llegar a tu destino.

¿Sabías qué este "servicio" es bastante costoso?

¿Sabías qué a muchos los engañan tomándoles el dinero y luego se desaparecen?

¿Sabías qué aunque les pagues te pueden abandonar en medio de la travesía?

Lamentablemente la trata de personas o bien el comercio de emigrantes es un negocio en todas partes del mundo muy lucrativo.

Bandas de criminales acumulan dinero aprovechándose de la desesperación y necesidad de muchas personas.

CAPÍTULO 15

No confíes a ciegas en nadie. Sé crítico y analiza todo muy bien.

Las personas no son buenas por naturaleza y si algo brilla más de la cuenta, pregúntate mil veces que hay detrás de lo mismo.

En tu jornada no les proporciones los datos de tus familiares a ningún desconocido. Podrían utilizar esta información para chantajear a tu familia. Y con esta última, mantente comunicado para que sepan de ti en todo momento.

Hay personas que ni se despiden de sus seres queridos. Todo lo mantienen en secreto. Estos son víctimas fáciles de las bandas de criminales pues saben que sus familiares ignoran todo, por tanto, no tendrán como reclamarles nada. Y mucho menos llevarlos a la justicia.

Al viajar lleva contigo un documento oficial con foto que te identifique. Resguarda muy bien tus documentos de identidad personal, no los prestes ni le permitas a nadie que los utilice. Pueden cometer delitos y acusarte de los mismos. Nunca lleves o utilices documentos falsos. Utilizar documentación falsa se castiga con cárcel.

Cuídate mucho, sé prudente y ándate siempre con cautela. No minimices los riesgos. Procura siempre mantener la calma, incluso en el caso de que te encuentres con policías de inmigración.

Una cabeza fría piensa más que una cabeza acalorada y llena de emociones.

Emigrar por necesidad

Trata con respeto a estos policías. Permíteles que ellos realicen su trabajo.

Si te detienen después de decir tu nombre verdadero, diles que deseas ejercer tu derecho a permanecer en silencio y consultar con un abogado antes de contestar cualquier pregunta o firmar algún papel. Pídeles que te permitan llamar a un abogado.

Recuerda bien todos los detalles de tu detención. En el caso de que se hayan violentado tus derechos puedes preparar una denuncia.

El hecho de que seas un emigrante indocumentado, no quiere decir que no tengas derechos. SI TIENES DERECHOS. No importa que no estés de forma legal en ese país. Eres un ser humano y por tanto mereces ser tratado con respeto.

Tienes derecho a una llamada, a un abogado y a un traductor. Después de decirles tu nombre verdadero tienes derecho a guardar silencio. No declares nada ni firmes documentos sin la asesoría de un abogado.

Solicita entonces una lista de abogados que pueden hacerse cargo de tu caso de forma gratuita o a bajo costo. Te tienen que explicar tus derechos.

En caso de contratar un abogado tienes que firmar un contrato de servicios donde se diga claramente cuales serán sus honorarios y sus obligaciones contigo.

Si al momento de la detención estaban contigo tus hijos menores de edad, no permitas que te separen de ellos en ningún momento.

CAPÍTULO 15

Ponte en contacto con tu consulado que ellos tienen la obligación de ayudarte.

Aunque al final te deporten, el proceso del mismo debe ser trasparente y conforme a las leyes. Te repito aunque estés ilegal tienes derechos.

Por tanto, investiga muy bien cuales son esos derechos que te amparan, los cuales varían de estado a estado. También es importante saber cuales son tus responsabilidades en ese país.

Llegaste a tu destino, lo lograste ¡Ahora a conseguir trabajo!

Si te preparaste bien antes de emprender tu jornada, seguramente encontrarás trabajo pronto, es cuestión de perseverar, tener paciencia y sobre todo ser creativo.

Planifica muy bien tu presupuesto para gastar únicamente lo necesario y tener unos ahorros que te permitan salir a flote en tiempos de las vacas flacas.

Llegaste al país de las oportunidades, pero no hablas el idioma, no sabes utilizar las computadoras ni sus programas más importantes. Ni tampoco tienes un oficio o profesión.

Te doy un dato que puede abrirte puertas. En algunas escuelas públicas o en las bibliotecas o en las iglesias o en algunas asociaciones de tu localidad, puedes preguntar por clases del idioma del país donde te encuentras y muchas veces son gratis o bien se paga muy poco.

También muchos ofrecen clases de computación. Es cuestión de que preguntes e investigues.

Otro consejo que tengo para ti es que visites la siguiente página web:

http://capacitateparaelempleo.org/

En la misma podrás aprender un oficio de forma gratuita y si apruebas tus exámenes te darán un certificado con el que podrás avalar tus conocimientos.

Puedes intentarlo las veces que quieras. En el momento que puedas.

Hay muchos cursos y son muy sencillos. Están diseñados y pensados para personas con poco tiempo que quieren aprender rápido.

Te quieres superar, quieres salir adelante y hacer realidad tu sueño. No dejes de tomar sobre todo las clases de idioma. Por más cansado que llegues de tu trabajo. Por más difícil que te sea aprender un idioma.

Si hablas el idioma de donde vives encontrarás trabajo mejor remunerado y a la vez irás viendo poco a poco el fruto de tu trabajo.

Mantente siempre al margen de la ley respetando como el que más todas las normas y reglas de tu nuevo país.

Seguro que te costó mucho trabajo llegar, entonces no tires a la basura todo ese esfuerzo cometiendo errores que puedes evitar.

CAPÍTULO 15

No manejes bajo la influencia del alcohol, tampoco sin licencia, seguro o documentos del auto.

Evita las riñas o pleitos en tu casa, o en el trabajo o en sitios públicos.

Si tienes hijos toma en cuenta que se considera abuso o negligencia dejarlos solos, aunque sea para ir a trabajar. Los mismos siempre deben de quedar bajo la custodia o cuidado de un adulto.

Probablemente por miedo a las autoridades migratorias no te atrevas a llevarlos al médico en caso de enfermedad seria. Esto es considerado también negligencia.

Recuerda que un arresto puede afectar tu situación migratoria de forma permanente.

Si quien te arresta es la policía de migración hay ciertos factores que te favorecen si eres detenido bajo situación migratoria irregular. Como por ejemplo estar casado con un ciudadano de ese país, o estar en proceso de regularizar tu situación migratoria o bien llevar más de 10 años viviendo y trabajando honestamente. Mantente en lo posible en perfil bajo hasta que puedas arreglar tu situación migratoria. En el consulado de tu país tienen la obligación de ayudarte orientándote sobre las leyes migratorias. Así como darte asistencia en problemas legales.

Es bueno que sepas también que si eres acusado de un delito que no cometiste, no debes aceptar nunca declararte culpable porque te dicen que a cambio te reducirán la pena de tu sentencia.

Emigrar por necesidad

A lo largo de mi trayecto como escritora de Historias Reales de Emigrantes, he recibido muchos relatos de progreso y superación.

Gente que en su momento fue inteligente sabiendo invertir y dividir su tiempo en su trabajo y estudios. Gente que trabajó muy duro por conseguir sus ideales. Gente que no llegó pensando que el dinero estaba tirado en la calle, sino muy conscientes de que tenían que emplearse a fondo para salir adelante.

Personas que llegaron sin nada y que el día de hoy gozan de bienestar económico.

Ellos se informaron bien antes de zarpar.

Ellos se prepararon bien antes de marcharse.

Ellos llegaron y continuaron su proyecto de superación.

Lamentablemente también he recibido muchas historias de personas que han pasado por muchas situaciones precarias.

Por haber llegado sin hablar el idioma, sin ningún oficio, sin ningún contacto. Personas que me cuentan que si hubiesen llegado mejor preparados su suerte hubiese sido otra.

Además, he recibido historias sobre gente que por desconocimiento de lo citado anteriormente, terminaron deportados y con sus sueños rotos.

Siempre he dicho que el desconocimiento o ignorancia se paga muy caro.

CAPÍTULO 15

Por eso insisto mucho en que aunque tu situación esté muy apretada en tu país de origen, antes de dejarte convencer por las historias maravillosas que otros te cuentan. Busca primero información verídica del clima económico del país al que piensas emigrar.

Piensa seriamente cuales son tus posibilidades reales de crecimiento en ese país, partiendo de tus capacidades y conocimientos.

Si sientes que no estás del todo preparado, entonces antes de pensar en irte aprende un oficio y un idioma extra.

La mayoría de los que emigramos lo hacemos con unas altas expectativas. Nos embarcamos en esta travesía llenos de sueños y esperanzas.

Y eso está bien por un lado, porque tener metas nos ayuda a superarnos. Pero irnos a radicar al extranjero sin tener un plan o proyecto definido es ser muy ingenuo.

Viajar así solo nos traerá muchas desilusiones.

Amigo emigrante, prepárate bien antes de emprender tu vuelo. Y que Dios te acompañe en cada una de tus empresas.

CAPÍTULO 16

❦

Enfermedad en el Extranjero

Cuando la enfermedad toca las puertas de tu casa y vives en el extranjero. El golpe de la misma resulta más fuerte, más profundo.

La incertidumbre se abre camino y no solo por todas las preguntas normales que uno se hace cuando pierde la salud, sino también por aquellas que solo a los extranjeros nos atañe.

Partiendo del hecho de que no siempre el sistema de salud al cual estábamos acostumbrados en nuestro país de origen resulta parecido o no al del país donde vivimos.

También el hecho de que tengamos o no un seguro de salud hace de las cosas un mundo diferente.

CAPÍTULO 16

El tener que buscar doctores nuevos, un centro de salud para que nos atiendan, laboratorios en fin. Todo nos resulta nuevo. Y eso nos provoca aún más desasosiego.

Tengo fresca en mi memoria dos experiencias que me tocaron vivir. Y las voy a compartir con ustedes. Ninguna en mi persona pero si en dos de mis amores.

Les cuento la primera.

Nos encontrábamos de vacaciones con mi familia. Se suponía que deberían haber sido días llenos de alegría y sorpresas agradables.

Pero lamentablemente no fue así. Mi esposo llevaba ya mucho tiempo con mal aspecto y sintiéndose siempre cansado.

Un par de semanas antes de viajar a mi país, tuvo en la madrugada un fuerte cólico que lo maltrató a lo largo de siete horas.

Al día siguiente llamamos al médico familiar quien sugirió que podría tratarse de piedras en los riñones. Le mandó a ser una prueba de orina de la cual casi dos semanas más tarde aún no teníamos respuesta.

Al final de cuentas y sin mucha vergüenza se nos dijo que se había perdido la muestra. Decidimos dar el capítulo por cerrado y abrirlo de nuevo en mi país.

Hicimos una cita para un reconocimiento médico completo de la A a la Z. En mi corazón yo sabía que algo no andaba bien con mi esposo.

Enfermedad en el extranjero

Lógicamente la pregunta de rigor era: ¿Qué exactamente le pasaba?

No saber la respuesta e imaginarme todo tipo de escenarios me atormentaba bastante.

Se le hicieron todas las investigaciones pertinentes. Y a la semana siguiente nos entregaron los resultados.

Los cuales no eran muy alentadores. Se nos dijo que mi marido sufría de una fuerte anemia. Habría que hacerle entonces una colonoscopia para determinar que le causaba dicha anemia.

Llegó el día del examen y la espera se me hizo eterna.

Sabía que tenía que prepararme porque lo que venía no era fácil. Al terminar la investigación la doctora me llamó para enseñarme las fotos tomadas.

En las cuales se apreciaba un tumor de color horrible y forma desproporcionada. Ella me dijo que había que esperar a la biopsia para determinar si el mismo era benigno o maligno. Entonces le pregunté:

—*¿Y usted qué piensa?* **—la doctora se quedó en silencio.**

—*Hay que esperar* **—respondió después.**

En sus ojos leí lo que yo no deseaba saber. Me puse de pie. Las rodillas se me habían entumecido, mas aún así me dirigí a donde estaba mi esposo. Él estaba allí tumbado en su camilla.

CAPÍTULO 16

Tan pálido, tan delgado, tan demacrado. Estaba recuperándose de la anestesia.

La doctora le explicó lo del tumor y que debíamos esperar a la biopsia.

En ese momento no sé si él comprendió todo o solo una parte de lo que le explicó el médico. Primero, él se encontraba aún mareado por la anestesia. Segundo, él estaba escuchando dicha noticia contada en un idioma diferente al suyo. Tercero, aceptar que tienes un tumor en el colon creo que para nadie es fácil de digerir.

En casa de mis padres y después de haber trascurrido un tiempo. Volvimos hablar del tema más despacio y en su idioma. Le dije que en cualquiera de los casos había que operarlo pues el tumor estaba obstruyendo el paso de las sustancias por su colon.

Mi esposo estaría de vacaciones solo tres semanas. Nosotros, ósea mis hijos y yo, nos quedaríamos una semana adicional. Él ya debía regresar, su estadía en mi país se había agotado. Mas el resultado de la biopsia no estaba listo.

¡Qué ironía! Normalmente, siempre me quiero quedar más tiempo. Y en ese momento andaba desesperada recortando mi viaje. Quería lógicamente viajar con mi esposo.

Ya se imaginarán la locura tratando de cambiar nuestros boletos para viajar juntos. Justo después de la época de Navidad.

Donde los vuelos están llenos y saturados.

Enfermedad en el extranjero

Haciendo mil malabares logré cambiar su boleto, pero tampoco era la situación deseada. Él viajaba solo y nosotros dos días después.

El resultado de la biopsia no estuvo listo el día antes del vuelo de mi marido. Como estaba planeado.

Al día siguiente rumbo al aeropuerto la doctora nos llamó al celular para confirmarnos, lo que tanto temíamos:

—*Cáncer en el colon* —**al escucharlo me quedé helada. Después colgué el teléfono.**

—*¿Era la doctora?* —**me preguntó mi esposo alterado** —*¿Qué dijo?*

Estando en el auto y en medio de una congestión vehicular, tuve que decirle que el tumor había resultado ser maligno.

No dijimos nada el resto del camino.

Nos dejamos invadir por el ruido del tránsito.

Hasta que en las afueras de la ciudad el silencio se hizo presente.

Yo trataba de distraerme viendo a través de la ventana aquel mar azul infinito, el cual por momentos me recordaba el color azul intenso de los ojos de mi esposo.

Llegamos al aeropuerto.

Allí estaba yo parada, despidiéndome de él.

CAPÍTULO 16

¡Qué hubiese dado, por haberme podido subir en ese avión! ¡Cuánto no hubiese pagado por un asiento en tal vuelo!

Nunca como ese día quise volver lo más rápido posible a mi *"exilio"*.

Nunca como esa vez me subí en aquel avión, dos días más tarde, con prisa y con ganas de volver.

Nunca como esa vez, ni siquiera volví la cara para despedirme y ver lo que dejaba atrás.

Nunca como esa vez tuve nada de tiempo para la nostalgia o tristeza. Solo quería regresar. Y aunque mi panorama era gris, quería y necesitaba estar al lado de mi esposo.

El viaje de regreso estuvo lleno de complicaciones. Abordamos el avión dos horas más tarde de lo programado. Mis hijos (4 años y 1 año) se entretenían mientras tanto jugando en la sala de espera.

A mí, los nervios me estaban consumiendo, puesto que teníamos que tomar otro avión en Francia para llegar a nuestro destino final. Solo atinaba a pensar que nuestro próximo avión nos dejaría.

Por fin abordamos. Mis hijos estaban cansados y se quedaron dormidos. Yo a ratos dormitaba, mas las preocupaciones no me dejaban en paz.

Al fin llegamos al viejo continente.

Estando allá me dicen en el aeropuerto que mi próximo vuelo ya había despegado.

Enfermedad en el extranjero

Teníamos que tomar otro avión y debía ser lo antes posible porque también ese estaba a punto de despegar.

Me dieron una tarjeta con la cual podía hacer una llamada desde un teléfono público a mi esposo. Para informarle que no llegaríamos en el vuelo pactado, sino en el siguiente.

Te describo un poco mi situación, para que me entiendas.

Según la línea aérea con la que viajé no estaba permitido bajar del compartimento de equipajes, las carriolas de los niños ¡Por motivos de seguridad!

Entonces yo estaba en ese enorme aeropuerto con dos niños pequeños, tres mochilas, una pañalera y sin carriola.

Mientras mis hijos se correteaban por la sala donde estábamos. Yo trataba de marcarle a mi esposo.

La "famosa" tarjeta tenía un código como de mil números. Mientras un ojo estaba tratando de leer cada dígito de dicha cifra, el otro ojo seguía cada uno de los pasos de mis dos hijos. Como comprenderán se me hizo imposible establecer contacto con él.

Mas el tiempo no se detiene, así que tenía que irme ya a buscar la sala de abordar.

Tomé todo lo que traía, mis bultos, mis dos hijos y mi enojo.

Me dirigí al mostrador.

CAPÍTULO 16

Estando allí, aventé la dichosa tarjeta y le dije muy molesta a la señorita en servicio:

—*¡Esta porquería no sirve y yo tengo abordar mi avión, pero antes tengo que llamar a mi esposo!*

Dos segundos más tarde me doy cuenta de que la señorita me sigue viendo con cara de asombro, pero no reacciona. Yo estaba tan nerviosa, tan cansada y tan enojada que no me había percatado que mi reclamo lo hice en español, ¡pero en Francia se habla francés!

Recapacité. Lo dije todo de nuevo en inglés. Dos segundos más tarde sigo viendo la misma cara de incomprensión en la chica.

—*¡Y ahora que fue lo que hice mal!* —**me pregunté alterada** —*¡Oh Dios, lo dije en holandés!* —**me respondí yo misma.**

Los nervios me torturaban. Y en ese momento salió un chico con una gran sonrisa. Me habló en español. Respiré hondo.

Me arregló la llamada. Y cuando terminé de hablar con mi esposo me dijo:

—*Señora, corra porque el avión está a punto de despegar*— **con la misma sonrisa en los labios, con toda la amabilidad y tranquilidad del mundo.**

Corra, me dijo. Y eso hice.

Corrí con cuatro bultos, un niño de apenas cuatro años, una chiquita de un año. Y un corazón que casi se

Enfermedad en el extranjero

me desbordaba por la boca.

Estaban cerrando la compuerta del pasillo que dirigía hacia el autobús que me llevaría al avión.

—*¡No la cierren. Espérenos por favor!* **—grité como loca.**

No me preguntes en que idioma lo dije porque ya no lo recuerdo. Lo único que sé es que nos dejaron pasar.

Ya en el autobús. No había espacio libre donde sentarse. Sin embargo, un señor gentilmente me cedió su asiento. Yo no se lo había pedido. Pero cuanto se lo agradezco.

Me desplomé en el mismo. Vi mi rostro reflejado en la ventanilla ¡Parecía muerta en vida! Ahora comprendo porque me dejó sentar ese amable caballero en su asiento.

Al regresar todo marchó muy rápido y lleno de sin sabores. Más sorpresas desagradables nos esperaban. Las penas no llegan solas siempre vienen acompañadas de mucho más miserias.

Pero eso se los contaré en otro libro que tengo pendiente ¡Así que estén atentos!

Ahora solo me centraré en la enfermedad de mi esposo y como esto impacto en mi vida en el extranjero.

Al regresar le repitieron las pruebas principales y confirmaron el diagnóstico que ya teníamos en mano.

Había que operarlo lo antes posible. En una de las pruebas también se le encontró un punto en el hígado que no podía determinarse que era. Así que también esto se le extraería.

CAPÍTULO 16

Cuando supe lo del hígado mi mundo se vino abajo. Lo primero que pensé:

—*¿Será que ese cáncer ya hizo metástasis?*

Recuerdo las tantas noches sin dormir en las que la incertidumbre y la tensión no me dejaban pegar los ojos, no me dejaban tranquila.

¡Cuánta falta me hicieron mi familia, mis amigos en esos momentos difíciles!

El hospital donde lo operarían quedaba a casi dos horas de distancia. Afuera los días de invierno se habían encrudecido. El frío era horrible, todo estaba congelado. Era peligroso manejar, andar en bicicleta o sencillamente caminar. Por tanto, las emergencias estaban a la orden del día y por tal motivo no teníamos una hora precisa para la operación. Estaba programada para en la mañana.

Desperté a tiempo.

Preparé a mi hijo para llevarlo a la escuela. Después regresé con mi pequeñita a esperar que pasaran las horas.

La zozobra me había cerrado el estómago. Mas aún así decidí adelantar la comida.

Tal vez mis suegros quisieran venir a comer conmigo, pesaba yo. Me sentía tan sola.

Pero ellos tenían tantos problemas con otro de sus hijos que al parecer no tenían ánimo de estar conmigo.

Enfermedad en el extranjero

Y allí estaba yo completamente sola carcomiéndome en mi inquietud.

Hasta que sonó el teléfono. Con un gran salto de gacela ya lo tenía en mano.

Era mi esposo quien me decía que aún no lo habían operado pues las salas de operaciones seguían llenas con las emergencias.

Él se oía nervioso, impaciente, estresado. No hablamos mucho, yo tenía que recoger a mi hijo en la escuela.

De regreso a casa, lo llamé, pero no tomaba el teléfono.

—*¿Habrá entrado a la sala de operaciones?* **—pensé**.

Al rato volvió a sonar el teléfono. Era él. Todavía no había entrado al quirófano, aún seguía esperando. Las horas pasaron muy lentas.

Hasta que por fin a las cinco de la tarde lo operaron. Empecé a cenar con mis hijos, con el teléfono a mi lado.

El cirujano me llamaría para decirme como había terminado la operación.

El teléfono sonó en medio de un escándalo que tenían mis chiquitos en la mesa.

Subí corriendo al segundo piso y me encerré en mi cuarto.

CAPÍTULO 16

Me senté en la cama, respiré hondo y con mucho temor contesté el teléfono.

—*Señora todo ha salido bien, su esposo se recupera de la anestesia* **—dijo el doctor.**

Cerré los ojos y le agradecí a Dios.

Llamé a mis padres enseguida, allí estaba toda mi familia reunida esperando la noticia.

Les conté que todo había salido bien.

Y empecé a llorar como niña chiquita en el teléfono. Lo mismo que mis padres y hermanos.

Todos estábamos llenos de emociones y sentimientos encontrados.

Aún en la distancia seguían siendo ellos mi soporte, mi apoyo, mi fortaleza.

Como me hubiese gustado estar con ellos ese día, sentir su presencia, sus abrazos, sus besos. Mas ese es el costo que hay que pagar cuando se vive en el *"exilio"*.

Llamé por supuesto también a mis suegros, quienes lógicamente tenían el estrés hasta el tope.

Les dije que yo iría a ver a mi esposo. Ya eran casi las 8 de la noche, había mal tiempo y no dejaba de nevar.

A mi suegro no se le veía el más mínimo entusiasmo con la idea de acompañarme. Pero yo estaba resuelta a ir sola o con él.

Enfermedad en el extranjero

Ni el clima, ni la distancia al hospital, ni el cansancio de la terrible presión de todo el día me detendrían. Al final cedió y con mucha precaución manejamos al hospital. Al llegar mi corazón bombeaba con fuerza.

Llegamos a su cuarto, pero su cama no estaba allí. Seguía en observación. Luego de esperar un rato, por fin lo trajeron.

Cuando lo vi, mi alma descansó. Mi suegro empezó a llorar. Y entonces comprendí porque prefería esperar unos días para verlo.

Después de la operación su aspecto por supuesto no era el mejor. La palidez de su semblante era enorme, sus ojeras penetrantes, su cuerpo flaco y huesudo.

No obstante, con una sonrisa enorme nos dijo que nos quería.

Hablamos un rato y luego lo dejamos descansar.

Teníamos que esperar diez días para el resultado de la biopsia. Esta determinaría en qué etapa estaba el cáncer y si el punto en el hígado extraído era o no una metástasis del cáncer de colon.

Los días pasaron de forma lenta hasta que llegó el momento en que se nos darían la gran noticia.

El cáncer de mi esposo estaba en una fase inicial y el punto en su hígado era un hemangioma. En pocas palabras y términos sencillos nada tenía que ver con su cáncer y que era completamente inofensivo.

CAPÍTULO 16

No había que darle quimioterapia ni radiaciones. Todo había terminado con la operación.

Cuando lo escuché no pude evitar darle un beso y un abrazo al médico. Seguro que habrá pensado:

—*¡Estas latinas no son fáciles!*

Pero la alegría era tanta que la espontaneidad me doblegó.

De camino de regreso recuerdo como empecé a llorar, a llorar y a llorar como una verdadera Magdalena.

Toda la rigidez, todo el estrés, toda la impotencia, todos los nervios empezaron a salir, aflorar de mi cuerpo en forma de lágrimas.

¡Cuán agradecida estoy con Dios de esta segunda oportunidad de vida que le regaló a mi esposo!

¡Cuán agradecida estoy con tantas muestras de cariño y amor que recibí de tanta gente a pesar de la distancia!

Amigos que estuvieron pendientes, que me llamaron, que me hicieron llegar de una u otra forma su apoyo y compresión. Que valiosas son las amistades y ni que decir del amor de la familia.

Mi esposo goza de mucha salud hasta el momento y confiamos en Dios que así continuará muchos años más.

Enfermedad en el extranjero

Tres años después le tocó el turno a mi pequeña hija.

Estábamos en un parque de diversiones con nuestros hijos. Cuando nuestra hija llena de energías y con mucho entusiasmo disfrutaba al máximo del lugar.

Hasta que al bajarse de uno de los juegos nos dice que no se sentía bien. Se veía desencajada y no quería caminar más. Mi esposo la cargó y yo fui a buscar a mi hijo quien no tenía planes de terminar con el paseo.

Sin embargo, decidimos irnos a casa y que ella descansara. Así lo hicimos.

En casa después de un rato empezó a vomitar. Pensé que después se sentiría mejor. Pero seguía muy cansada y sin fuerzas.

La acostamos temprano. Al día siguiente me dice que la lleve al baño. Y yo le pregunté si no podía ir sola. Me dijo que le dolía la panza y que prefería no caminar.

A lo largo del día volvió el estómago muchas veces, no comió nada y parecía muy débil. Hasta que al cargarla para llevarla al baño, emitió un fuerte grito de dolor. Me regañó con fuerza, diciéndome que tenía que levantarla con cuidado.

En ese momento supe que no se trataba de alguna enfermedad infantil. Nos fuimos de inmediato al hospital.

El doctor al verla presumió que se trataba de una apendicitis y que había que intervenirla cuanto antes.

CAPÍTULO 16

No obstante, las pruebas de sangre, las sonografías y los rayos x que se le tomaron no ratificaron el diagnóstico.

La niña fue hospitalizada. Tenía una fuerte infección en el cuerpo. Mas los médicos no podían determinar donde estaba radicada dicha infección.

Pasaríamos la noche allí juntas y al día siguiente se le practicaría una tomografía computarizada.

La nena seguía con el estómago muy inquieto y con mucho dolor.

En la mañana posterior yo tenía que entrar con ella a la habitación donde le harían la investigación.

Era una sala grande con una especie de cama donde el paciente se acuesta con todo tipo de cables en su cuerpo y la misma se desliza dentro de un túnel. Teníamos que ponernos unos cascos para protegernos de la intensidad de los sonidos que se emitirían.

Me pusieron una silla al lado de mi hija. Pero ella quería que yo la tomara de las manos. Así que en el extremo superior tomándole las manos a mi hija tenía que permanecer de pie y sin moverme 30 minutos.

Hacía mucho calor en la sala, mi hija como solo estaba con una delgada bata no lo sentía, pero yo que traía la misma ropa del día de ayer me estaba consumiendo en mi propio jugo.

A la media de hora de estar escuchando todos esos ruidos fuertes y penetrantes. Sin poder casi ni pestañear.

Enfermedad en el extranjero

Y por supuesto después de una noche sin dormir, me sentía agotada.

En ese momento entró la enfermera para notificarme que la prueba no había salido del todo bien así que le harían una más.

Mi hija se había quedado dormida. Eso era lo único positivo.

Otra media hora más allí adentro, con ese ruido, con ese calor y en posición de estatua de piedra. Mas no me importó, todo sea por la salud de mi hija, fue lo que pensé.

Después de esta exploración nos trasladaron a nuestro cuarto en el hospital. Allí estábamos esperando el resultado. Entonces le dije a mi esposo que iría a casa a bañarme, a ponerme ropa limpia.

La niña seguía durmiendo. Justo cuando había tomado las llaves del auto y me dirigía al pasillo entró una enfermera al cuarto y nos pidió que la acompañáramos.

Entramos en una pequeña estancia, donde un grupo de médicos estaban reunidos para darnos su conclusión.

En la rigidez de sus expresiones se denotaba que lo que nos dirían no serían buenas noticias. Lo que nunca me imaginé fue lo que tendría que escuchar.

Nos dijeron que mi hija tenía un tumor en el vientre bajo de 10 centímetros.

—¿10 centímetros? ¿10 centímetros? ¿10 centímetros?

CAPÍTULO 16

Pregunté tres veces. Y las tres veces fue afirmativa la respuesta.

Mi hija tenía 5 años. Una niña delgada y pequeña. Imagínense lo grande que era ese monstruo de 10 centímetros en su cuerpecito.

El recuerdo del cáncer de mi esposo llegó inmediatamente a mi cabeza en ese momento.

Las lágrimas salían de mis ojos sin poder ponerles freno alguno. Quería mantener la calma, pero no podía. Quería estar fuerte, pero mi corazón estaba destrozado. Me daba vergüenza llorar enfrente de los médicos, pero mi cuerpo no podía luchar contra mis emociones. Eran demasiado fuertes, demasiado intensas. No podía creer lo que estaba sucediendo.

Se nos dijo también que el caso era demasiado complicado y por tanto tenían que trasladarla a un hospital más especializado.

Así fue como tres años después estábamos de camino al hospital donde atendieron el cáncer de mi esposo.

Rumbo al centro médico en la ambulancia íbamos mi hija y yo.

El día estaba gris y muy nublado. El típico paisaje holandés se hacía presente en el horizonte.

Tierras planas de pasto verde intenso y sobre ellas descansando las hermosas vacas de manchas blancas y negras.

Enfermedad en el extranjero

Un poco más adelante divisaba otro campo pero este lleno de ovejas que pastaban en aquel forraje húmedo.

Mientras tanto pensaba como todo de momento había cambiado en mi vida. Todos mis planes, proyectos, deseos y sueños se quedaron estancados o guardados en el baúl de los recuerdos.

Todo quedó en un muy segundo plano.

En los ojitos de mi hija podía ver el dolor que ese tumor le causaba. Tumor que al ser tan grande no podía ser extraído porque no se sabía a qué estaba enlazado.

La angustia de enfrentarnos a lo desconocido nos embargaba de nuevo y de que forma.

Estando en el hospital nos reunimos con los especialistas que la tratarían. Quienes tenían que estudiar primero el caso y luego hacer un plan.

Mientras tanto le estaban haciendo todo tipo de investigaciones a mi hija. A veces tenía la sensación de que de la noche a la mañana se había convertido en un conejillo de indias.

Aún recuerdo el primer día en ese hospital. Yo me sentía tan confundida con todo lo que nos sucedía. A pesar de que tenía frio no paraba de sudar. Esa ropa sucia que traía ya no podía soportar más tanta traspiración. Mi esposo llegaría más tarde con ropa limpia para las dos.

Por fin llegó. Y yo corrí al baño. Necesitaba ducharme. Necesitaba sentir agua fresca en mi cuerpo. Necesitaba una pausa.

CAPÍTULO 16

Al salir de la ducha me sentí un poco más aligerada. Sin embargo, aún no todo estaba en orden en mi cabeza.

A mi hija le tenían que introducir una manguerilla por la nariz que llegaría hasta su estómago. Entre dos enfermeras lo intentaron pero ella no se estaba quieta y se resistía. La enfermera me dijo: —*Venga señora ayúdenos.*

Yo le dije que si no había algún otro método. Yo no quería ver a mi hija tan tensa. La enfermera se volteó y me dijo con voz tranquila pero contundente:

—*Este no es un parque de diversiones, los niños que están aquí están muy enfermos. A veces, por rescatar su salud hay que hacerles cosas que a ellos les resultan incómodas. Y las madres que están aquí tienen que apretarse bien los pantalones y ayudar.*

Después de esta reprimenda, me quedó claro que tenía sacar fuerzas de mi interior. Por más duras que parecían sus palabras, su único objetivo era que mi hija mejorara pronto y que yo enfrentara la situación con más altura. A veces unas palabras fuertes nos ayudan a reflexionar y a entender que las cosas no siempre son como las deseamos.

Le pusieron diversos tratamientos, pero ninguno dio resultado. Decidieron entonces hacerle una operación de exploración. La misma trajo buenas noticias.

Al parecer se trataba de un tumor benigno el cual se había infectado y por eso había crecido mucho. En dicha operación le extrajeron el líquido al tumor. El mismo resultó ser agua clara.

Enfermedad en el extranjero

Mi esposo y yo no podíamos estar más contentos, más descargados. Al menos teníamos la esperanza de que no se trataba de un tumor cancerígeno.

Después de dicha operación mi hija mejoró rápidamente. A los días nos dieron de alta. El tumor había disminuido de tamaño mas aún medía 7 centímetros.

Yo dejé el hospital con el sentimiento de que el problema todavía no estaba resuelto y que esa cosa en el estómago de mi hija aún estaba allí. Que en cualquier momento podría volver a crecer. Volver a producirle una emergencia.

Pero mi hija tenía mucha ilusión de regresar a casa, de estar con su hermano nuevamente.

Los días pasaron. Cada día estaba mejor y sus energías aumentaban. Poco a poco comía cada vez más.

Hasta que justo dos semanas más tarde, se despertó a las 5 de la mañana con mucho dolor. Y vomitando sin parar.

Otra vez de emergencia al hospital.

Esta vez yo estaba tan exaltada que mi estómago se había inflado de buenas a primeras y a mitad de camino le pedí a mi esposo que parara el auto pues me urgía orinar.

Tal cual pequeña de cinco años me bajé los pantalones a un lado de la autopista. No podía más.

¡Dejé mi vergüenza, dignidad y pudor en aquella carretera!

CAPÍTULO 16

Llegamos al hospital.

Los médicos la enviaron hacer ciertas pruebas. El tumor medía entonces 3 centímetros. Había disminuido mucho su tamaño ¿Entonces qué le provocaba tanto dolor y vómitos? Era la pregunta de rigor.

Nuevamente nos embarcamos en todo tipo de estudios, para ir nuevamente tratando de entender que pasaba con mi hija.

Todas las hipótesis expuestas ese día se fueron anulando solas con los resultados de los exámenes.

La última investigación se la hicieron a las 7 de la noche.

Tenía que tomar una bebida de sabor no muy agradable y estar de pie mientras con un aparato le hacían una especie de escáner. A la mitad de la exploración mi hija volvió el estómago.

No quedaba claro si habían conseguido obtener la información suficiente.

La enfermera nos dijo que lo más probable es que al día siguiente le realizarían de nuevo el estudio.

Nos dijo también que nos fuéramos a la recámara que nos habían asignado.

Mi hija y yo nos pusimos las pijamas. Queríamos descansar. Ella se durmió de inmediato y yo yacía en la cama cuando entró un cirujano a nuestro cuarto.

Enfermedad en el extranjero

—*Nos llegaron los resultados del último análisis. Alístese, que vamos a operar a la niña de emergencia. Su vida corre peligro*— **me dijo.**

No encontré las palabras para describirles exactamente lo que sentí en ese momento. Así que imagínense sencillamente el *desconsuelo* hecha persona.

La enfermera estaba cambiando a mi hija y yo seguía todavía de pie. Sin moverme, sin hacer nada.

Entonces ella se volteó y mirándome a los ojos me dijo:

—*Señora usted tiene que bajar con la niña a la sala de operaciones. Tiene que cambiarse ¡Está en pijama!*

Tomé lentamente mi ropa y me fui al baño.

Estando allí no sabía qué hacer con esos trapos. No podía reaccionar.

Después de un rato la enfermera tocó la puerta del baño y me dijo:

—*¡Señora tiene que apurarse, en estos casos no se puede perder tiempo, la están esperando!*

Yo seguía paralizada del miedo. Con la ropa entre mis manos. Como si el tiempo se hubiese detenido. Al escuchar el ruido de sus palabras, me vi en el espejo del baño. En mis ojos no podía encontrar una gota de valor.

De repente la enfermera tocó con fuerza la puerta del baño. Dejé caer el vestido que tenía en mis manos.

CAPÍTULO 16

Me había asustado, pero a la vez salía de mi letargo.

Me di un par de cachetadas en la cara. Solo después de esto reaccione. Y empecé a cambiarme a toda velocidad.

Nunca me imaginé que un par de bofetadas podían ser tan útiles en determinado momento.

Al salir del baño ya era otra. Estaba fuerte y decidida a luchar contra el mundo entero.

Bajamos a la sala. Mi hija iba en su propia cama. La acompañé hasta que le pusieron la anestesia general. Poco a poco fue cerrando sus ojos. Allí la dejé fría y pálida.

Antes de salir la besé y la bendije. Después me dirigí con paso lento y sin entusiasmo hacia el cuarto del hospital.

En el mismo tenía que esperar mientras la operaban. En su habitación sentí un frio horrible. Todavía recuerdo ese cuarto sin cama.

Puse una silla en medio del mismo.

Justo enfrente tenía un reloj de pared que marcaba las horas de mi angustia.

Estaba sola.

El teléfono sonaba. Eran mis padres quienes se desbarataban ante la incertidumbre del otro lado del charco.

Aún no tenía nada que comunicarles. La espera continuaba.

Enfermedad en el extranjero

Tres horas más tarde entró una enfermera al cuarto. Me dijo:

—*Señora, la llama el cirujano.*

En un par de saltos estaba en el mostrador de las enfermeras, tomando el teléfono. Sentí un fuerte calambre en mi pierna derecha.

La voz apenas me salía. Mis oídos estaban cerrados. Tenía un pavor enorme de escuchar algo negativo.

—*Señora, hemos terminado con la operación. De todos los escenarios, encontramos el más favorable. Ella está estable. Puede bajar a verla*—**me dijo.**

Bajé rápido y con una emoción fuerte que oprimía mi corazón. Quería verla, quería saber que su vida ya no estaba más en peligro. Quería besarla, abrazarla.

Al llegar, ella apenas estaba despertando de la anestesia. Estaba tranquila. Al verme se me quedó mirando un rato. Todavía estaba un poco mareada. La besé. Le dije que la amaba. Y volvió a quedarse dormida.

El cirujano entró. Me dijo que una parte del tumor se había enterrado en el intestino delgado. Ese quiste y una pequeña parte de su intestino delgado habían sido extraídas. Ese tumor ya no estaba más en su cuerpo.

¡Qué aliviada me sentí!

Una enfermera me buscó una silla para que me sentará junto a mi hija, mientras se le pasaba la anestesia general y sus signos vitales se normalizaban.

CAPÍTULO 16

Permanecí al lado de ella cuatro horas sentada. Mis músculos estaban tiesos y los huesos me dolían por el frio intenso en la sala. Ya no sabía cómo acomodarme en esa silla.

Hasta que por fin nos dejaron ir a nuestro cuarto. Eran las cinco de la mañana, cuando finalmente pude cerrar los ojos y descansar un poco.

Mi hija se recuperó rápidamente a pesar de tener una herida grande. Después de un tiempo nos dieron de alta. Y esta vez mi alma estaba tranquila, tenía la sensación de que ahora sí estábamos libres.

De que este asunto ya había terminado. Sin embargo, teníamos que esperar a la biopsia del tumor extraído. Al tiempo nos dieron la noticia: el tumor era 100 % benigno. No era necesario hacer nada más. Estaba totalmente liberada de esa horrible experiencia.

Si con mi esposo me sentí contenta, con mi hija experimenté una explosión de alegría, júbilo, entusiasmo, felicidad, regocijo pero sobre todo un sentimiento de descargo de toda la tensión acumulada en esos días.

Claro, debo si decirles que a pesar de que todo terminó bien. Las semanas subsiguientes estuve muy distraída, descuidada, olvidadiza. Estaba presente, pero mis pensamientos estaban lejos.

Y lo que sucede es que cuando te expones a situaciones como estas, es muy importante que nos demos el tiempo suficiente para trabajar todas las emociones que sentimos dentro. Debemos tomarnos el tiempo para digerir todo lo ocurrido.

Enfermedad en el extranjero

Es importante hacer una PARADA en nuestra vida, para volver a reunir nuestras fuerzas, para volver a reunir energías positivas.

Solo así podemos salir de este pequeño *"trance"* de forma saludable. Solo después podemos pensar nuevamente en darle curso a nuestra vida, reorientarla o bien retomar los proyectos abandonados. Y es que a pesar de lo duro que es enfrentar este tipo de eventos en el extranjero. Siempre se puede salir adelante.

Siempre se puede encontrar salidas a nuestros problemas. Lo cierto es que tu gente donde quiera que estés, a la distancia que estés, se solidariza contigo. Llenándote de esperanza, pero sobre todo te empuja a continuar, a seguir luchando.

Durante todo este proceso si bien es cierto que a veces me sentía sola y en realidad estaba sola. Mi familia, mis amigos de aquí y de allá me tenían presente en sus corazones, en sus oraciones, en sus intenciones.

A diario recibí siempre muchos gestos de cariño de mucha gente querida. A diario recibí llamadas, mensajes, correos electrónicos, tarjetas postales, en fin. Me siento privilegiada por la vida al contar con el cariño de tantas personas.

Por eso tú, amigo emigrante, cuando te veas en medio de una enfermedad o circunstancia difícil, dalo a conocer, cuéntalo, busca ayuda, toca puertas. Pero no te quedes nunca con todo el problema para ti solo. Así sea solo para desahogarte busca un oído amigo con quien hablar, con quien tratar de ver las cosas con mayor objetividad.

CAPÍTULO 16

Porque el dolor de perder tu salud o la de un ser querido es muy grande. No te deja pensar con claridad.

No te deja ver los problemas del tamaño que realmente son. Y mucho menos tratar de buscar soluciones o alternativas que puedan ayudarnos en esos momentos.

No camina uno en la oscuridad sin una lámpara en la mano. Esa lámpara es la gente que realmente te quiere, a quien le dueles. Búscalos cuando la enfermedad toque tus puertas en el *"exilio"*.

CAPÍTULO 17

Luto a distancia

Todos en la vida estamos expuestos a sufrir la pérdida de un ser querido, vivas o no en tu propia patria.

Unos de los temores que creo que sentimos todos aquellos que hemos dejado atrás, en nuestro país de origen, gente querida, gente amada intensamente, es que la muerte sorprenda repentinamente a uno de ellos.

De pensarlo se me pone la piel de gallina. Siento que sería una dolorosa pesadilla.

Como ya les he contado yo emigré por primera vez cuando estaba en edad escolar a la República Dominicana, país de origen de mi papá.

CAPÍTULO 17

Llegué al país en compañía de mi madre y hermano, pues mi padre ya radicaba en Santo Domingo.

Después de unos años de vivir allá. Un día, tarde en la noche, suena el timbre de la casa. Era mi tía, necesitaba urgentemente hablar con mi papá.

Mis padres estaban durmiendo, se despertaron con susto. Mi papá acudió a la puerta y habló brevemente con mi tía.

Resulta que nosotros como nos habíamos mudado recientemente no teníamos conexión telefónica, no había en esa época celulares, Internet, en fin nada de lo que hoy contamos para hacer de nuestra comunicación más rápida y eficaz.

Mi padre llegó pálido al cuarto y le dijo a mi mamá:

—*¡Alístate que tienes que viajar a México. Tu padre está muy mal!*

Sin embargo, mi mamá no le creyó.

—*¡Dime la verdad! ¿Vive todavía?* **—le preguntó mi mamá.**

Mi padre no contestó, su silencio, fue más claro que mil palabras. Una mezcla de desesperación, impotencia, tristeza y dolor fueron los protagonistas del resto de la noche.

Y es que no solo era buscar un par de trapos y meterlos en una maleta y salir así rumbo a otro país.

Luto a distancia

No sé por qué, pero todo siempre se complica en estos casos. El pasaporte de mi mamá estaba vencido. Había que sacarle uno de emergencia.

Lo positivo fue que el cónsul era amigo de mis padres. Por tanto, el papeleo burocrático, innecesario, brilló por su ausencia. Ese mismo día en la mañana tenía mi madre su documento en regla y listo para viajar.

La segunda prueba los esperaba. Iban de camino al aeropuerto sin boleto y sin reservación. A comprar un asiento, un lugar, una posibilidad de regresar cuanto antes.

Después de mucha diligencia y de estar buscando aquí y allá consiguieron comprar un boleto.

No había vuelos directos. El trayecto no era tan largo pero si muy engorroso porque había una escala en la que tenía que permanecer muchas horas esperando.

Así viajó mi mamá en compañía únicamente de mi hermana menor que tan solo era una bebé de 10 meses. No obstante, después de tantos obstáculos, después de tantas pruebas superadas, cuando llegó a México ya habían enterrado a su padre.

Y entonces te ves allí de pie, exhausto, cansado, abrumado y sobre todo triste, por no haber podido acompañar a ese ser querido a su última morada.

Este es uno de los golpes que te reserva la vida cuando se vive lejos de la familia.

Muchos años después le tocó el turno a mi abuelita.

CAPÍTULO 17

Ella estaba enferma de cáncer y era poco lo que se podía hacer.

Yo quien tenía una bebé de tan solo unos cuantos meses de edad. No quería viajar como loca y enredarme en ese maratón de sufrimientos que al final, probablemente, por la distancia que nos separaba era casi seguro que llegaría yo también tarde.

Mi abuelita estaba punto de cumplir sus 85 años así que decidí que era una buena idea pasar junto a ella este momento especial. Viajé a verla, con mi niña de brazos.

Llegué y la disfruté en vida tres preciosas semanas. Estaba débil, aunque podía de vez en cuando hacer actividades bonitas con nosotros.

Al terminar mi viaje fue duro para las dos decirnos adiós. Sabíamos que sería la última vez que nos veríamos, nos abrazaríamos y nos besaríamos.

Cuando te despides de una persona que amas siempre se guarda la esperanza de volverla a ver. Sin embargo, nosotras teníamos la certeza de que no habría una próxima vez para nosotras.

Ese adiós era definitivo. Aún tengo claro ese momento en mi memoria. Yo estaba lista para irme al aeropuerto. Las maletas, la carriola de la bebé, todo estaba en el auto de mi primo.

Mi pequeña hija estaba en brazos de mi madre. Nos encontrábamos en casa de mi tía. Mi abuelita se iría en compañía de otro tío a su propia casa. Un taxi estaba en la puerta esperándolos.

Luto a distancia

La abracé, la besé y le dije que la amaba. Le di las gracias por haberme dado tanto amor. Sus ojos vidriosos, sus labios secos, su corazón palpitante. Sus manos temblorosas acariciando mi rostro.

No me dijo nada. Pero lo sentí todo. Ella se subió con mucha dificultad al auto. El vehículo arrancó y que ganas enormes me dieron de salir corriendo tras el mismo.

—*¡Qué ganas de poderla mirar aunque fuera un solo segundo más!* **—pensé.**

Y entonces volteó su rostro y me regaló una última mirada. Yo me despedí de ella en vida y fue sin lugar a dudas lo mejor para las dos. Unos meses más tarde nos darían la noticia de que mi abuelita estaba agonizando.

Mi mamá nuevamente tenía que emprender la batalla. Pues mi madre no vivía en el país de mi abuelita. Esta vez tenía la ventaja de que por las mismas circunstancias, tenía todos sus documentos al día. Además, ahora tenemos ¡Bendito Dios Internet! Podemos en menos de cinco minutos comprar un vuelo si la urgencia aprieta.

Así fue como al día siguiente viajó mi madre con el corazón en la garganta.

Deseando fervientemente esta vez llegar a tiempo. Y poder decirle el último adiós a su adorada madre. En tanto, yo estaba pidiéndole fervientemente al divino ser que le permitiera a mi madre despedirse y poder cerrar así el ciclo de la vida.

CAPÍTULO 17

Mi abuelita hermosa, fuerte como ninguna, se aferró a la vida y luchó con la muerte, para evitarle a mi mamá vivir nuevamente la amarga experiencia que pasó con mi abuelito. Llegó mi madre y la abrazó. Ella la miró, la reconoció y la bendijo. Mi mamá tomó el teléfono y me llamó. Yo también pude decirle algunas palabras antes de que cerrara los ojos para nunca más volverlos abrir.

Cuando uno no se puede despedir de un ser amado, el ciclo de la vida para los seres queridos del difunto queda inconcluso.

Claro está, hay situaciones que por supuesto no están en nuestras manos, ni siquiera viviendo cerca de nuestros familiares. O por ejemplo si cuando por falta de la documentación adecuada no podemos salir del país al que hemos emigrado (porque estamos de forma ilegal o irregular).

Queremos estar presentes, pero no podemos. Queremos darle el último adiós, pero no podemos. Y entonces ¿Qué queda?

Yo sé perfectamente que no es fácil. Sin embargo, aunque se escuche trillado, lo que queda es la resignación. Despedirnos en el alma de esa persona amada. Despedirnos a distancia.

Darles desde lejos nuestra bendición y último adiós ¡Más, no podemos hacer!

Lo que si es importante y si en cualquiera de los casos podemos hacer, es darnos el tiempo necesario para vivir y experimentar nuestro duelo.

Luto a distancia

El cual al estar lejos a veces se hace tal vez más pesado, pues te sientes solo en tu tristeza, en tu dolor.

Hay mucha tierra o mar que te separa del resto de tu familia, quien al igual que tú sufre por esta pérdida.

Lo cual no te da la oportunidad, de junto con ellos compartir el dolor, compartir las emociones.

Y ahí te encuentras, solo y vestido de negro. En medio de un grupo de personas que no conoce de tu duelo o de tu tristeza. Mas todavía en estas circunstancias, por duro que sea, hay que tratar de mantener la cabeza encima del agua.

La madre naturaleza es sabia y ella sabe que estas pérdidas son heridas enormes en nuestro corazón. Sin embargo, por más grandes que sean, los días poco a poco las van cerrando.

Claro está, si nosotros se lo permitimos. Si insistimos en reabrir la herida frecuentemente, nuestra curación se volverá lenta, más dolorosa de lo que ya es.

Hay que darle tiempo al tiempo para que la resignación llegue y nos cubra con su paz.

Saber que ese ser querido ya descansa, ya no sufre, ya no tiene dolor.

Y aunque no esté más con nosotros, su amor sigue en nosotros y ¡Este nunca morirá!

CAPÍTULO 17

Quedamos con todo lo que nos enseñaron, con todo el amor que sentimos y nos dieron, con todo lo que recibimos de esa persona. Con todo esos momentos inolvidables que compartimos juntos y porque no, también con aquellas experiencias negativas de las cuales aprendimos una lección.

El duelo por la pérdida de un ser querido siempre es muy grande y aunque al principio sintamos que no hay consuelo que calme nuestro dolor, poco a poco nos iremos acostumbrando a la idea de su partida.

No dejes que el luto a distancia, mi amigo emigrante, te amargue el alma. Duele y mucho, pero la vida sigue.

Tomate el tiempo necesario para curar tus heridas y luego cierra el ciclo y abre uno nuevo.

CAPÍTULO 18

Ejercicio laboral

Cuando dejas todo atrás para iniciar una nueva vida en el extranjero.

Tienes a veces sin desearlo, que abandonar también tu trabajo. Lo cual trae consigo otras consecuencias, entre ellas la dependencia económica, así sea de forma temporal.

Dejar tu trabajo, no es solo dejar un puesto, un espacio, un empleo o un negocio. En este caso es algo mucho más profundo.

CAPÍTULO 18

Pues estás abandonando lo que muchos años te costó construir, para luego en tu nuevo *"país"* empezar todo desde cero. Y esto resulta a veces bastante pesado, tedioso y desgastante.

Cuando llegué a vivir al país de los Molinos y Tulipanes, el primer reto que tenía que enfrentar era el del idioma.

¡Y vaya que me tomó tiempo y esfuerzo aprenderlo! Me concentré en el mismo y dejé a un lado mi vida laboral.

En medio del torbellino de la adaptación y del aprendizaje del idioma, sin planificarlo quedé embarazada.

¡Qué festín el mío! El invierno ya había llegado, los días grises y oscuros reinaban en la estación.

El frío, los días solitarios en casa, la batalla sin victorias sobre un idioma que no me entraba ni a la fuerza, hacían de mis días un verdadero calvario.

Y entonces salgo embarazada, una mezcla de sentimientos y emociones me embargaron.

Primero la felicidad inmensa de saberme madre desde ese mismo momento, pero por otro lado el miedo abrumador de no ver claridad alguna en mi futuro, sobre todo en el ámbito laboral.

Mi bebé era más que bienvenido y desde ese instante se convirtió en mi prioridad. Intenté por todos los medios avanzar lo que más pudiera en el idioma antes del parto.

Ejercicio laboral

Mas la vida me ha enseñado, a base de golpes, que las cosas no salen siempre como uno las planea, sino como las permite el destino.

Llegó el momento del parto y aún hablaba muy mal el idioma. Luego lógicamente empieza la aventura de ser madre primeriza y es entonces cuando muchos puntos de tu vida permanecen estáticos.

Cuando nuevamente encontré un equilibrio en mi vida, retorné a mis clases de idioma.

Las cuales un tiempo después tuve que interrumpirlas, por mi segundo embarazo.

El mismo era delicado y durante varios meses estuve completamente fuera de combate.

Cuando el mar alterado de mis hormonas me permitieron nuevamente respirar y recuperarme, no tenía muchas fuerzas o ánimos para iniciar mis clases. El desgaste físico de los primeros meses había sido demasiado.

Tiempo después di a luz a una bella princesa.

Sin embargo, cuando pensaba en mi vida laboral, la inseguridad en mí crecía, como río en la tormenta. Puesto que la misma como bella durmiente reposaba.

Lo que me sucedió entonces es que al haber parado de trabajar por varios años, el entrenamiento y la destreza que se adquiere con el ejercicio laboral se fueron minando, me fueron abandonando. Así también la seguridad y confianza en mi yo profesional.

CAPÍTULO 18

Por eso te recomiendo que aunque los fantasmas del miedo te acompañen al principio no dejes que los mismos te apaguen o te cierren el camino.

Intenta por todos los medios retomar tu vida laboral.

Por supuesto lamentablemente en muchos casos tendrás que hacerlo otra vez desde cero. Lo cual no es fácil, ni agradable pero es mejor a quedarse con los brazos cruzados.

Volviendo con mi historia les cuento que con todo y dos niños chiquitos, decidí ganarle la guerra al idioma ¡Mi gran talón de Aquiles!

Y después de mucho luchar, estudiar, repasar, aprender y volver a estudiar, repasar y aprender ¡Por fin lo conseguí!

Obtuve mi certificado el cual lejos de ser tan solo un diploma más, para mí significaba la prueba física de todo mi esfuerzo y dedicación.

Con este papelito en mano se me abría nuevamente las puertas para mi anhelado futuro laboral.

El haber alcanzado mi objetivo me devolvió la seguridad en mí misma y la confianza en mi capacidad profesional. Me sentí en ese momento apta para empezar, así lo hice.

En su momento tomé mis decisiones, opté por estar con mis hijos en sus primeros años. Resolución que adopté y de la que hasta el momento no me he arrepentido.

Ejercicio laboral

Mas por supuesto que tuve que sufrir todas las consecuencias de dicho camino.

Ahora que nuevamente disfruto ampliamente de lo que hago, lo veo como una experiencia que fue difícil de superar, de la cual aprendí sobre todo que la perseverancia te lleva a tu objetivo.

La enseñanza es la siguiente. Cuando cambias de país a veces tienes que hacer un giro en a tus actividades laborales.

Otras tantas hay que volver a empezar completamente de cero. Se da el caso de que nuevamente debes estudiar. O bien hacer un freno en tu carrera. Y en otros elegir algo completamente distinto a lo ejercido.

Por eso es bien importante que nos preparemos lo mejor posible antes de emigrar. Ya sea que vayamos detrás de nuestra media naranja o bien para mejorar nuestra situación económica.

Como está la tecnología en estos momentos es muy fácil obtener información acerca de las necesidades laborales del país al que queremos emigrar.

Así como también si nos permitirán ejercer con nuestros diplomas o tendremos que estudiar algo más. O pasar algunos exámenes.

En fin hay muchas cosas que sinceramente si las investigamos de antemano nos harían la vida mucho más sencilla al emigrar.

CAPÍTULO 18

Claro, habrá otras que solo las podrás saber cuando estés en tu nuevo terreno.

Siempre está la oportunidad de brindar tus servicios dentro de la comunidad de paisanos que residan en ese país.

Así como tal vez puedas dedicarte a la importación o exportación de productos entre tu país y donde te encuentras.

O poner un negocio de comida originaria de tu país a pequeña escala.

Por supuesto algo que es bien importante para abrirte camino son las redes.

Ósea las personas que conozcas en ese país que puedan recomendarte con otras, o que puedan servirte de referencia a la hora de buscar trabajo.

O bien que te puedan colocar en algún puesto.

O tal vez que te puedan aconsejar sobre cómo y dónde encontrar trabajo.

Por eso siempre les digo a mis lectores no se vayan al extranjero sin conocer a nadie, sin tener a donde llegar, o peor aún sin saber como llegar.

Estar completamente solos en el extranjero es muy duro y muchas veces terminas arrepintiéndote de tu decisión.

Ejercicio laboral

En cualquiera de las circunstancias, recuerda siempre que aunque todo sea diferente y extraño, tú sigues teniendo la misma capacidad y fuerza profesional.

Como diría mi abuelita, que en paz descanse:

—*¡El que es perico, donde quiera es verde!*

CAPÍTULO 19

Conclusión

Hemos caminado juntos a lo largo y ancho de cada uno de los capítulos de este libro.

Seguro que faltaron temas que te hubiese gustado que tratara.

No te preocupes que este es solo el primer libro y seguro con la ayuda de Dios vendrán más.

Si quieres hacerme una aportación con mucho gusto la leería. Puedes enviármela a la siguiente dirección:

info@migranteporamor.com

CAPÍTULO 19

Emigrar es cambiar.

Estoy más que convencida que pocos acontecimientos en la vida tienen tanto impacto sobre el ser humano como lo tiene la migración.

Recibo muchas cartas, a través de mi página web:

www.migranteporamor.com.

Muchas de ellas son para preguntarme si podría aconsejarlos para tomar la decisión de emigrar o no.

Mas ojalá tuviera yo las respuestas adecuadas para cada persona, cada circunstancia, cada situación, cada pareja, cada familia.

Lo cierto es que solo los puedo animar a leer este libro donde tendrán una visión muy general de como es vivir en el extranjero. Digo una visión general porque cada experiencia es diferente, lo mismo que la personalidad de cada persona.

Mi intención en este libro, espero haberlo logrado, es inyectar vitaminas positivas en cada una de las personas que emigran.

Partiendo de la premisa de que efectivamente no es fácil ser extranjero, no es fácil vivir lejos de todo lo *"tuyo"*. Pero que al final de cuentas el sol sale para todos.

Al final de cuentas con perseverancia y tenacidad podemos alcanzar nuestros objetivos y sentirnos, después de un tiempo, adaptados a nuestras nuevas circunstancias.

Conclusión

La vida es como es. No es rosa, pero tampoco a blanco y negro. La misma tiene colores, matices, tonos y brillos.

Por tanto, hay que aprender a sacarle partido, a disfrutar de lo que te ofrece y aprender a vivir con lo que no te da.

No opaques tus días en el *"exilio"*. Al contrario lucha por brillar, por destacarte, por ver las ventajas de estar allí.

Lucha por redescubrirte a ti mismo. Por potencializar talentos escondidos.

Despierta los dones dormidos que hay en ti y crea juntos con ellos una realidad diferente para ti.

Eres un ser valioso que merece ser feliz donde quiera que estés. No pongas tu felicidad en manos de nadie ni tampoco la sujetes a un país o a un tiempo determinado.

Recuerda que cada uno de nosotros somos el arquitecto de nuestras propias vidas.

CAPÍTULO 20

※

Consejos prácticos

Consejos prácticos para el que va a zarpar. Emigrar es mucho más que solo emociones y sensaciones.

Hay bastante que arreglar antes de embarcarnos en esta aventura.

Vivimos en un mundo supuestamente globalizado, pero en donde las fronteras cada vez están más marcadas.

Para cualquier viaje necesitas llenar formularios, solicitar visas, permisos, en fin una montaña de papeles llenas de sellos y firmas.

CAPÍTULO 20

Es decir, que además de una maleta llena de sueños, necesitas arreglar una pila de documentos antes de emigrar.

Son muchos los capítulos que tienes que cerrar antes de zarpar.

Para darte una idea (y considerando que cada caso es diferente) podemos citar los siguientes puntos:

I. Investigar con tu pareja cuales son los requisitos necesarios para emigrar al país donde residirán. Recuerda que estos varían dependiendo de tu nacionalidad.

II. ¿Cumplen con todos los requisitos que se solicitan? Entonces empieza lo antes posible el trámite recolectando todos los documentos necesarios *¡Al que madruga Dios lo ayuda!* Dice el refrán.

III. Verificar que tu pasaporte y tu visa (en caso de necesitarla) estén al día.

IV. Algunos países requieren antes de emitir un documento de residencia, una prueba de idioma. De ser este tu caso te convendrá tomar clases, por adelantado, del idioma del país en el que residirán.

Si no es necesario esta prueba, pero piensas emigrar a un país con otro idioma, nunca está de más tomar clases del mismo. Si llegas a ese país comprendiendo y hablando un poco dicha lengua te facilitará el proceso de adaptación.

Consejos prácticos

Si no te es posible encontrar un profesor para tal lengua te recomiendo (si aún no lo hablas o no lo hablas muy bien) tomar clases de inglés. El inglés es un idioma universal que en casi cualquier parte del mundo te saca a flote.

V. Recolectar los documentos que te pudieran servir allá (y traducirlos si es el caso):

o   Referencias de trabajo

o   Títulos universitarios o técnicos avalados por el ministerio de educación de tu país y legalizados por la embajada del país de destino.

o   Cartas de recomendación traducidas (en caso de tenerlas)

o   Títulos de certificaciones o cursos trascendentes de tu vida laboral.

En pocas palabras es tener una "foto" en papel de lo que has hecho hasta ese momento a nivel profesional. Si es tu caso.

VI. Cuando el viaje definitivo se vaya acercando es mucho lo que hay que tener en cuenta y es mucho lo que hay de decidir. Por ejemplo si dejar abierto o cancelar los siguientes productos bancarios:

o   Tarjetas de crédito

o   Cuentas bancarias

o   Préstamos

o   Hipotecas

o   Chequeras, entre otros.

VII. En caso de contar con algún inmueble, casa, apartamento, solar, negocio, auto, muebles, etcétera. Determinar cuál será el destino final del mismo o de los mismos. Si será vendido, arrendado, alquilado o confiado a alguien de la familia o amigo.

VIII. Si trabajas para alguna empresa debes notificarle a tu empleador, con tiempo suficiente, tu partida.

Mientras mejor salgas de tu empresa, mejor será tu carta de recomendación y la misma puede servirte de ayuda en el extranjero.

Si cuentas con un negocio propio o trabajas por tu cuenta, deberías sentarte a pensar todo con calma, organizarte bien y analizar todas tus opciones antes de tomar decisiones.

IX. Es muy importante que compruebes que el pago de tus impuestos esté al día y que notifiques (en caso necesario) a este organismo de tu partida al extranjero.

X. El tema del seguro médico también debe estar en tu agenda.

Consejos prácticos

Debes ver junto a tu pareja si tendrás cobertura, al momento de llegar, en el país que residirás. Si no es así tal vez sea conveniente comprar una póliza internacional durante un período. De cualquier modo es un tema que no debe ser obviado.

XI. Por supuesto no debe faltar la compra de los boletos aéreos.

Cuando emigramos solo necesitamos un boleto de ida, sin embargo, toma en cuenta que estos son a veces más caros que un boleto redondo. Una opción sería tal vez comprar un boleto aéreo abierto a un año.

En las agencias de viajes podrán siempre darte datos más concretos sobre lo que mas conviene en tu caso.

Todo lo que mencionado hasta aquí es solo una idea básica, que por supuesto se ajustará o no a tus circunstancias, situación, nacionalidad y también a las circunstancias, situación y nacionalidad de tu pareja, dependiendo de cada caso.

Te deseo que este proceso no esté lleno de complicaciones, ni de esperas innecesarias. Ojalá te puedas reunir con tu pareja lo antes posible y con muy pocos obstáculos en el camino. O bien emigrar solo sin ningún problema.

Acerca de la Autora

※

Wendy Madera

Nació en la Ciudad de México, de padre dominicano y madre mexicana.

Desde pequeña se convirtió en un ratón de biblioteca, amó los libros desde su más tierna infancia. A través de los mismos un mundo maravilloso de imaginación y fantasía se abrió ante ella.

Escribir llegó después. En la medida que más leía, más le gustaba la expresión escrita.

Ganó varios concursos literarios en la escuela primaria y secundaria. Cuando cumplió la mayoría de edad se dejó seducir por la magia de la tecnología, enrolándose así en las filas de la informática.

Es ingeniera de sistemas con un posgrado en finanzas. Empezó ejerciendo su profesión en el ministerio de salud pública y luego trabajó varios años para la Organización Panamericana de la Salud, como encargada de Sistemas de Computación.

Empleo que le abrió las puertas para entrar en contacto con el resto de las culturas de América Latina.

Más tarde conocería al que actualmente es su esposo y por quien dejó atrás todo lo que había construido con el paso de los años. Junto a él se fue a radicar a Holanda, el país de los molinos de viento.

En aquellas tierras bajas y planas nacieron sus dos hijos. Por quienes decidió hacer una pausa en su carrera laboral para dedicarse a ellos en cuerpo y alma.

En ese tiempo de reposo laboral descubrió que su verdadera pasión era escribir. Por lo que en el 2010 decidió participar en el IV Concurso de Historias Migrantes. Su historia Tres Generaciones Migrantes fue la ganadora de su categoría.

Desde entonces no ha parado de escribir acerca de temas que tienen que ver con la emigración en sus diferentes ramas. Sacó al aire el exitoso blog de temas migratorios: www.migranteporamor.com

En sus inicios en el mismo contaba sus propias experiencias en el exilio por amor. Sus primeros lectores fueron su familia y amigos, sin embargo, rápidamente se fue corriendo la voz y el blog fue calando en el gusto de los Emigrantes Hispanohablantes.

Acerca de la autora

Los mismos le fueron contando sus experiencias y enviándole sus historias. De manera que decidió darle un giro a la página y empezar a contar Historias Reales de Emigrantes.

Posteriormente la invitaron a participar en un programa de Radio trasmitido en los Estados Unidos, donde se quedaría de manera fija con el segmento Migrante por Amor en la radio.

Semana tras Semana les contaba a los radioescuchas una Historia de algún emigrante en el mundo. De dicha manera la fueron invitando a participar en otras emisoras donde también actualmente cuenta con un espacio fijo semanal.

El segmento de Migrante por Amor en la radio tiene presencia en diversos países: Estados Unidos, Canadá, Ecuador y Portugal.

Su presencia en la radio día con día crece en audiencia afincándose en el gusto de los radioescuchas Hispanohablantes. Paralelamente está terminando sus estudios en Psicología. Con los cuales piensa darles a sus lectores Emigrantes hispanohablantes apoyo psicológico.

Pretende establecerse en el mundo de las letras quizás no como una gran escritora pero sí como alguien con un gran amor a la escritura.

Bibliografía

En el tema: ambos migrantes, realizamos unas encuestas las cuales las difundimos entre parejas emigrantes.

Para escribir el tema de emigrar por necesidad nos basamos en cuestionarios hechos a los lectores de nuestra página web: www.migranteporamor.com

Y en las historias de vida que de muchos de ellos recibimos.

A continuación, cito cada una de las historias recibidas y posteriormente publicadas. Todas basadas en la vida real de los lectores de migrante por amor.

1.- Wendy Madera.
"Víctima de una deportación"
www.migranteporamor.com
Septiembre 22, 2014.
Disponible en:
http://migranteporamor.com/victima-de-una-deportacion/

2.- Wendy Madera.
"El soñador hacia tierras del norte"
www.migranteporamor.com
Abril 9, 2014.
Disponible en:
http://migranteporamor.com/elsonador-hacia-tierra-del-norte/

3.- Wendy Madera.
"Cruzamos Juntos"
www.migranteporamor.com
Febrero 17, 2014.
Disponible en:
http://migranteporamor.com/2014/02/cruzamos-juntos/

4.- Wendy Madera.
"El Emigrante Adolescente"
www.migranteporamor.com
Diciembre 8, 2013.
Disponible en:
http://migranteporamor.com/el-emigrante-adolscente/

Bibliografía

5.- Wendy Madera.
"Pueblo Chico, Infierno Grande"
www.migranteporamor.com
Marzo 17, 2014.
Disponible en:
http://migranteporamor.com/pueblo-chico-infierno-grande/

6.- Wendy Madera.
"El sueño americano de Laura"
www.migranteporamor.com
Octubre 28, 2013.
Disponible en:
http://migranteporamor.com/el-sueno-americano-de-laura/

7.- Wendy Madera.
"Todo lo que en mi vida esperaba"
www.migranteporamor.com
Diciembre 13, 2013.
Disponible en:
http://migranteporamor.com/todolo-que-en-mi-vida-esperaba/

8.- Wendy Madera.
"Rosa"
www.migranteporamor.com
Marzo 3, 2014.
Disponible en:
http://migranteporamor.com/rosa/

9.- Wendy Madera.
"Un Quijote en otras tierras"
www.migranteporamor.com
Mayo 14, 2014.
Disponible en:
http://migranteporamor.com/un-quijote-en-otras-tierras/

10.- Wendy Madera.
"Lo que no te mata te hace más fuerte"
www.migranteporamor.com
Marzo 10, 2014.
Disponible en:
http://migranteporamor.com/loquenotematatehacemas-fuerte/

10.- Wendy Madera.
"Atrapada en este país"
www.migranteporamor.com
Enero 14, 2014.
Disponible en:
http://migranteporamor.com/2014/01/atrapada-en-este-pais

Así también encontré información útil en las siguientes páginas web.

A.- Acceso Latino
Información para la comunidad hispana en los Estados Unidos.
Fundación Carlos Slim.
(Consulta: 6 noviembre 2014).
Disponible en:
http://accesolatino.org/

B. ACLU
American Civil Liberties Union
Conozca sus derechos: Qué debe hacer si la policía, agentes de inmigración o el FBI lo detienen.
(Versión en español)
Nueva York. Junio 30, 2010.
(Consulta: 14 septiembre 2014).
Disponible en:
https://www.aclu.org/know-your-rights/

C.- Gobierno del Estado de México
Consejos para los migrantes.
Estado de México.
(Consulta: 15 agosto 2014).
Disponible en:
http://portal2.edomex.gob.mx/edomex/personas/migrantes/

D.- Mujer Migrante
Historias de migrantes México.
(Consulta: 5 enero 2014).
Disponible en:
http://mujermigrante.mx/category/cuentame-tu-historia/

E.- Acceso Latino
Capacítate para el empleo
Fundación Carlos Slim.
(Consulta: 20 noviembre 2014).
Disponible en:
http://accesolatino.org/capacitate-para-el-empleo/

MIGRANTE
POR AMOR

Made in the USA
San Bernardino, CA
12 December 2019